JN011264

全然、知らずにお参りしてた

神社の謎 神話編

合田道人

祥伝社

はじめに

令和という新しい時代の幕開けと、譲位による新しい天皇陛下の誕生。

この記念すべき年だからこそ改めて『古事記』『日本書紀』に描かれている古代天皇の足跡を今一度見つめ直してみたい。そしてそれにゆかりの神社を巡ってみたい、そう思って筆をすすめてみた。そこには不思議な表現がいくつも出てきた。おとぎ話にすぎないと思われるような話も多かった。

天皇の没年齢が100歳を超えているのはなぜなのだろうか？「亡くなって白鳥になる」とはどういう意味なのだろうか？　さらに日本と大陸との関係性も含めながら、疑問を解決しながらの神話の旅はとてもワクワクする。

そこに天皇陵の古墳も世界遺産に登録されたことで「古墳ブーム」にもぶつかり、さらには『日本書紀』が生まれて1300年になろうというタイミングにもぶつかった。こんな年に、この本を上梓できたことは実にうれしい。いや、まさにお導きそのものだと思っている。

古代天皇が歩いてきた道を見つめ直すことで、新たな時代に幸あれ！　と思わずにはいられなくなるのだ。あなたも一緒に、取り上げた神社やお寺、墓陵をたずねて古代のロマンにふれていただきたい。

さあ早速『記紀』にまつわる神話とともに神社をめぐる旅をスタートさせよう。

令和の御代を迎えた年に……

合田　道人

もくじ

イザナギ
イザナミ
スサノヲ
ツクヨミ
アマテラス
オシホミミ
ニニギ
スセリビナ
オオクニヌシ

神様の系図

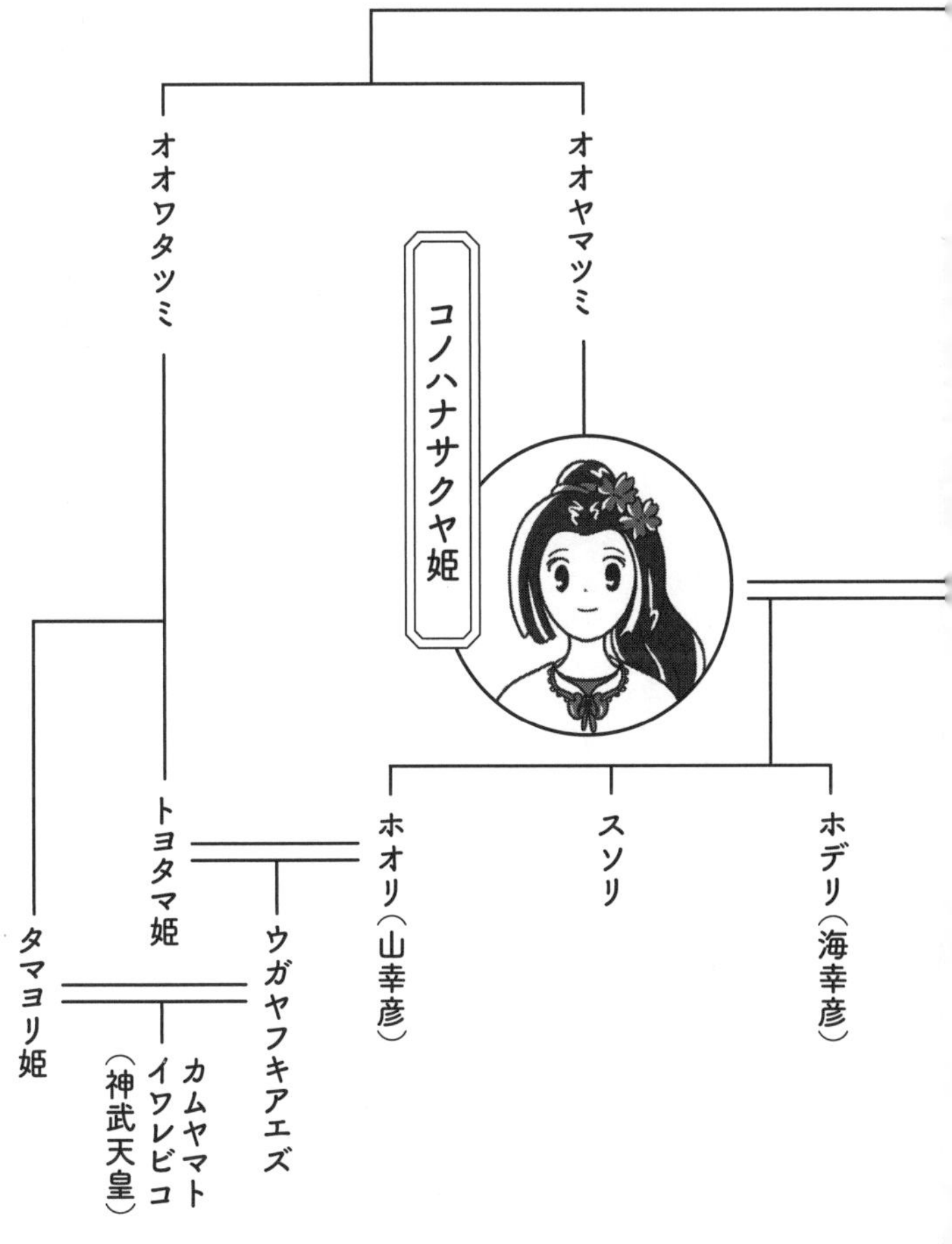

オオヤマツミ
オオワタツミ
コノハナサクヤ姫
ホデリ（海幸彦）
スソリ
ホオリ（山幸彦）
トヨタマ姫
ウガヤフキアエズ
タマヨリ姫
カムヤマトイワレビコ（神武天皇）

1 新元号で126代目の天皇！

令和元年11月10日、東京は晴天だった。太陽の日差しがこうこうと照りつけ、それはまさに令和の未来の輝きをさしているかのようだった。天皇家の祖神《おやがみ》、その名も天《あま》照大神《てらすおおかみ》（アマテラス）の力に違いない。そんな感じを抱かせながら、天皇陛下の即位におけるパレード「祝賀御列の儀《しゅくがおんれつのぎ》」が行なわれた。

沿道を埋め尽くした約12万人の人々が手にした日の丸の旗がゆれる中、新しい天皇皇后は皇居・宮殿からお住まいの赤坂御所（東京都港区）までの約4・6キロを30分かけてゆっくりとオープンカーに乗って進んだのである。人々に手を振り、笑顔を向けられたその光景に我々は幸福感を持たずにいられなかった。

5月1日に新天皇は即位された。前日に平成の御代《みよ》の前天皇陛下が退位され、新しい時代を迎えたのである。昭和64（1989）年1月7日に昭和天皇が闘病の末におかくれになり（亡くなったこと）、昭和は平成に移った。そのときの新たな時代の幕

1

新元号で126代目の天皇!

開けは悲しみの中で迎えられた。しかし平成から令和に替わった今回、憲政史上はじめてご自分の意思に伴い第119代の光格《こうかく》天皇以来、実に202年振りの天皇譲位という形がとられたのだ。すなわちお元気であるうちに皇位が継承され、平成が令和へとつながり、126代目の天皇陛下が誕生した。やはりその日も国民はまるで新年を寿《ことほ》ぐように歓び祝福し、5月4日に皇居・宮殿で行なわれた新天皇の一般参賀には、平成への代替わりのときを3万人上回る14万人超が訪れたのである。

平成最後の日と令和最初の日には、天皇家に端《たん》を発した神社が参拝者でごった返した。新しい御代へ願をかけ、最後と最初の記念に御朱印を頂こうと人々は列を作ったのだ。私の自宅からすぐそばの明治神宮では一時、御朱印を頂くまでの時間が〝10時間待ち〟などという事態が起こったほど。平和を導いてくれる象徴天皇への感謝の念にほかならない。

明治神宮に祀《まつ》られる明治天皇が王政を復活されてから、日本は新たな道に歩を進めた。戦争や災害という悲しい時代を経ながら、人々は大きく変わっていった。その明治天皇から数えて5代目の天皇陛下が、このたびの令和時代の陛下なのである。遡《さかのぼ》れば皇族の祖神として日本国民の総氏神《うじがみ》ともされるアマテラスから数えて6代目に当たるのが初代天皇の神武《じんむ》天皇で、そこから数えて126代目が令和の今上《きんじょう》天皇、徳仁《なるひと》さまである。

今、日本中が神社ブームにわいている。観光に訪れた外国の人々が神社に参る光景もよく目にする。

現在の神社ブームの先駆けになったのは、伊勢神宮と出雲大社《いづもおおやしろ》の遷宮《せんぐう》が60年ぶりに重なった年からだった。平成25（2013）年、私が急に神社参拝に目覚めたのもこの年からである。今回の本もそうだが、シリーズ化された『神社の謎』（祥伝社刊）の一冊目を出版したときでもある。

その一年ほど前から私は、まるで何かに引っ張られるかのように伊勢や出雲に限らず全国の神社を詣《もう》でるようになった。いや、参拝のためにわざわざその地に赴《おもむ》いていたわけではない。仕事先の近くに有名な神社が建っていたというほうが正解だ。

島根に仕事でよばれたとき、はじめて出雲大社を拝したのは本を書くことになる数年前のことだが、大社前の博物館で『大出雲展　古事記一三〇〇年・出雲大社大遷宮』という催しがあった。名前ぐらいなら知っている神話の『古事記』に出てくる古代の大社をミニチュアで復元したものを見て、雄大な歴史とロマンに興味を引かれたのだ。

そこで私は伊勢と出雲の遷宮が重なるのは60年に一度という話を耳にした。すかさず「60年後には生きていないだろう。ならば今回行っておかなくてはいけない」と、素直に思った。その前に、「一体、遷宮って何？」というところから始まったほどスタートは全く無知だったのだ。

CGで再現された古代の大社

2 遷宮が導いた神社ブーム

遷宮とは神社本殿の造営修理に際し、神体を遷すこと。いわば〝神様のお引越し〟のことである。本来、遷宮とは伊勢神宮で行なう行事のことを指し、ほかの神社では遷座《せんざ》というのが本当だ。そんな初歩的なところから始まって、何しろ御朱印集めに夢中になった。これとて最初は旅の記念。「日付が記されるから、いついつの日にお参りに行ったかが、あとで分かるだろう」という、スタンプラリー感覚から始めた。そして結局、〝はまった!〟

こんな話を一冊目の『神社の謎』の本で書いたあたりから、いつのまにか世の中まで神社ブーム、御朱印ブームが起こり出した。現在、我が御朱印帖は18冊目に突入した。いや、平成最後の日に靖國《やすくに》神社で、創立150年記念の特別の御朱印帖を求めたから19冊目になる。御朱印帖一冊に裏表で45社ぐらい朱印を押してしていただくから、ざっと数えて6年余りで800社? 御朱印を扱っていない社もあったし、社務

2
遷宮が導いた神社ブーム

所がない神社だって多い。夕方5時以降にお参りして社務所が閉まっていていただけなかったこともあるから、神社参拝数は1000以上を軽く超えたということになるだろうか。

神社を巡るとき私は、「宝くじが当たりますように」とか「仕事が成功しますように」といった直接的なお願いは全くしない。初めのうちはそうだったが、神社を参拝する回数が増え出してから、「お参りさせていただきありがとうございます」や「お導きのとおりに歩いていきますので、これからもよろしくお願いします」といった形に変わっていった。それで十分であることに気づいた。

明治神宮は明治天皇のご夫妻をご祭神とし、靖國神社は戊辰《ぼしん》戦争以来、日本国のために亡くなった人々を神として祀る。伊勢神宮内宮《ないくう》はアマテラスであるし、出雲大社はオオクニヌシ（大國主命《おおくにぬしのみこと》）と、神社それぞれ祀られている神様は違う。キリストの高校に通っていた私は、これもある時期まで知らなかった。キリスト教やイスラム教は一神教である。しかし日本にある神社はそれぞれの神社によってご祭神が異なるのだ。

日本では古来、山や川、木や岩などに神が宿ると信じられてきた。今でも山や磐座《いわくら》に「何だろうこのパワーは!?」などと思うことがある。目には見えない何か。だからこそ〝八百萬の神〟と言う。

「神様って八百万《はっぴゃくまん》もの種類があるの？」

ではない！〝やおよろず〟と読む。たくさんの神という意味である。

残念なことにこの神社は、どんな神様が祀られているかを知らないで参拝している人が結構多い。それが神社参拝を重ねるうち、参拝前に鳥居の前なり鳥居をくぐった後に「ご祭神は何々……」と書かれている看板をしっかり見る人が増えてきた。その看板とは神社の由緒書《ゆいしょがき》である。そこに書かれている神様を見て「知らな〜い」、「この神様、何の神様？」と感じる人もだんだん多くなった。これぞまぎれもなく、〝神社・神道ブーム〟、〝御朱印ブーム〟の恩恵なのだ。

簡単に申せば、「恋人が欲しいな。素敵な人にめぐり会いたいな」と神社に参っても、そこの神様が、山を守る神だったり、芸能にご利益がある神だったらいただけない。「病気が治りますように」とお願いした先が、勉学の神を祀っていては聞き入れ

2
遷宮が導いた神社ブーム

られない。

今では神様を何柱（神様を数える場合は、一柱二柱と数える）もお祀りしている神社も多く、そのため諸願成就、つまり「どんな願いごとも聞き入れます」という神社が多くなっていることは事実だが、実際はお参りする場所のご祭神はわかっているほうが得策だ。

そこで注目されるようになったのが『古事記』や『日本書紀』（以下、『記紀』）という国の歴史、古代史というものを書いた本だった。新元号〝令和〟は日本最古の歌集『万葉集』から取られたが、〝令和〟以外に候補にされたといわれる〝英弘《えいこう》〟は『古事記』から、〝広至《こうし》〟は『書紀』と『続日本紀』からの出典だった。

日本の興りの歴史を分かり易く、さらにその登場人物を祀る神社を集めたのが、私の『神社の謎』シリーズ第3弾として発売した前々作の『神話をひも解きながらめぐる　神社の旅』（祥伝社黄金文庫）だった。

3 『古事記』と『日本書紀』に参拝すべき神社のヒントが

日本の正史として編纂された『古事記』は、天武《てんむ》天皇（第40代天皇。673～686年在位）の詔勅《しょうちょく》により稗田阿礼《ひえだのあれ》が記憶していた神話や伝説、歴史を太安万侶《おおのやすまろ》が書き記し、和銅《わどう》5（712）年に完成させ、元明《げんめい》天皇（第43代の女性天皇。707～715年在位）に献上された。

『古事記』は上中下の3巻から成り、上巻の「神代の巻」は日本列島が生まれる〝国生み神話〞から、人間の祖である父ともいうべきイザナギ（伊弉諾神《いざなぎのかみ》）、母であるイザナミ（伊弉冉神《いざなみのかみ》）の出会いと日本の国や子供たち（八百萬の神）を生み出す物語。黄泉《よみ》の国やアマテラスの天の岩戸隠れ、アマテラスの弟とされるスサノヲ（須佐之男《すさのを》命《みこと》）が出雲に下り登場する「ヤマタノオロチ（八岐大蛇《やまたのおろち》）」伝説や、天孫ニニギ（迩迩芸命《ににぎのみこと》）の降臨譚《こうりんたん》に、オオクニヌシ（大国主命《おおくにぬしのみこと》）の「いなばの白うさぎ」や国譲りの話。さらには「海幸彦山幸彦《うみさちひこやまさちひこ》」となじみ深い神話、おとぎ話として語られてき

3
『古事記』と『日本書紀』に参拝すべき神社のヒントが

た話が多く収録されている。それを基に現代風な解釈をしながら、ゆかりの神社へ旅したのが、拙著『神社の旅』だった。いろいろな角度からひも解いていくと、これらは単なるフィクションでは片づけられない気がしてきた。実在の人物や事件、功績が描かれているはずだと感じたのだ。

たとえば皇家の出発地点となる「天孫降臨《てんそんこうりん》」は、天界にある高天原《たかまがはら》から神が九州の地に下り立つという話だ。これだけでは、やっぱり創作話だと感じて仕方ない。でも視点を変えてみよう。高天原があるとされる〝天〟を、たとえば高い山だと考えてみる。山から下りてきた力の強い集団と解釈することで現実味は帯びてくるのだ。

ヤマタノオロチは八つの首を持つ大蛇とされるが、ここに描かれる舞台の現在の島根県を流れる斐伊《ひい》川は、今もなお氾濫《はんらん》を繰り返す〝あばれ川〟である。ヤマタノオロチを退治したスサノヲが治水工事、土木の技術を教示した人だとすればスムーズだ。『古事記』中巻には神武《じんむ》天皇の東征や、ヤマトタケル（日本武尊《やまとたけるのみこと》）が語られているが、この謎解きも楽しそうだ。下巻の歴代天皇の事跡にも神話的なものが多く登場するが、それらも何かにたとえられたものなのではないのかと思えてくる。第33代天皇の推古《すいこ》天皇（593〜628年在位）までが記される。

『日本書紀』は天武天皇10（682）年に詔勅が下され、『古事記』より8年遅れた養老4（720）年に完成している。こちらは全三十巻。一、二巻が「神代の巻」で三巻以降は神武天皇から第41代持統《じとう》天皇（690〜697年在位）までを年代を追って綴《つづ》っている。『古事記』と似た話が多いが、『一書曰《あるふみいわく》』としての異説も掲げていてほかのエピソードも興味深い。1300年前のこの時期に『記紀』が編纂《へんさん》された理由もなんとなく見えてきた。学校の歴史の時間でも教わった「大化《たいか》の改新」や「壬申《じんしん》の乱」を経て、この時期に天皇家の基盤が固まり、中央集権国家として成立している。この時期にこそ国の歴史を確立させる必要があったのだろう。

大和朝廷（天皇家）の祖先が、全日本人にとっての神であるアマテラスで、その孫のニニギが降臨して以来、今なお脈々と続いていることを、『記紀』は明らかにしたかったのだろう。平成25（2013）年で62回目を迎えた伊勢神宮の式年遷宮だが、その第1回目はなんと持統天皇の即位式に先立って行なわれている。『日本書紀』終わりに描かれている天皇である。「この時点で日本の歴史は変えられた」という意見や、持統天皇は女帝だったゆえ、「元々は男の神とされていた日の神・アマテラスを女神として書き、神の下、政治を司った」などという意見まであるが、神話には悠久の時の流れゆえに感じられる浪漫《ろまん》がある。

平和の中で今こうして令和を迎えたとき、長きにわたって私たちを見つめ続けてこられた天皇家のあゆみを少しでも知っておきたいと思うのである。さらに『日本書紀』誕生から令和2（2020）年は1300年という節目の年である。このタイミングで『記紀』に基づきながら歴代陛下の横顔や人生行路、さらにゆかりの神社やお寺、世界遺産の発表でこれまた今ブームの古墳など、今こそ参るべき場所のヒントが見えてくる。

4　国生《くにう》みからアマテラス大神誕生まで

まずは前作、PART1ともいうべき『神社の旅』で触れてきた『記紀』の初代天皇誕生シーンまでをざっくりとおさらいしておく必要がある。

神話は国土の創生という部分から始まる。はじめ「混沌《こんとん》」とよばれる泥沼のような世界が天と地に分かれ、その間に神が現れた。最初にミナカヌシ（天御中主尊《あめのみなかぬしのみこと》）などの「造化三神《ぞうかさんしん》」、トコタチ（国常立尊《くにのとこたちのみこと》）ほか「神代七代《かみのよななよ》」が生まれ、その七代最後の神として生まれたのがイザナギとイザナミ。この二神が日本国土を生み出すのだ。これが「国生み」とよばれる神話である。

二神は、空に浮かぶ天浮橋《あめのうきはし》に立ち、「天之瓊矛《あめのぬぼこ》」という長い矛で海水をかき混ぜて潮を固めて「おのごろ島」を作った。この島は淡路島の近くにあったとされ、絵島《えじま》、家島、飛島《ひしま》、友ヶ島《ともがしま》などが候補地とされるが、私は淡路島の南、4・6キロの紀伊水道北西部に浮かぶ沼島《ぬしま》が最有力地ではないかと思っている。そこにその名のとおりに立つのが自凝《おのころ》神社。まさに国生みの地、イザナギイザナミの結びの発祥地ともいうべき神社である。

さて島に降り立ったイザナギとイザナミは宮殿を建て夫婦の契りを結んだ。それにより最初に淡路島が生まれ、その後に本州、九州、四国、壱岐《いき》、対馬《つしま》、隠岐《おき》、佐渡《さど》の

「大八洲《おおやしま》」とよばれる8つの島が作られた。淡路島に建つ伊弉諾《いざなぎ》神宮は、日本最古の神社といわれる。実はイザナギの終焉の地とされ、ここに神陵が築かれた。明治以前は神陵の前方に本殿があったが、明治になって国費により陵の真上に本殿が移されたという社。やはり神話の旅をするならここは外せない。

≫日本最古の宮『伊弉諾《いざなぎ》神宮』へ行きたい！

〈住所〉〒656－1251 兵庫県淡路市多賀740
〈電話番号〉0799－80－5001
〈こんなパワーを授けてくれる〉何かを始めるときに心してお参りすると道しるべを教えてくれる。また傷ついた心を癒す力がある。失敗ややり直しをしたいときに訪れたい。イザナギ・イザナミは人類はじめの夫婦とされ、二神が宿る夫婦大楠は、良縁、夫婦円満、子宝に恵まれる。

二人は生活に必要とする神々も産み出した。石、水、風などの神を産み、その神々が次々と他の神を産んでいった。八百萬の神たち続々誕生！　しかし神産みを続ける中、火の神のカグッチ（軻遇突智《かぐっち》）を産み落としたとき、イザナミはその炎で女性器を焼かれてしまい、その火傷《やけど》が元で亡くなってしまうのである。

イザナギは悲嘆のあまり、カグッチを切り殺し、妻を取り戻そうと「黄泉《よみ》の国」へ赴いた。死者が住む黄泉の国と地上界は「黄泉比良坂《よもつひらさか》」でつながっていた。「まだ神々を作っている最中なのだから」と、イザナギはイザナミの元を訪れ説得する。イザナミは「国王に許しをもらわなくては」と言い、暗黒の御殿へと消えてゆく。そのときイザナミは「絶対に覗かないでほしい」と頼んだが、待ちきれずにイザナギは扉を開けてしまう。そこで目に入ってきたのは腐乱してウジがわいているイザナミの変わり果てた姿とそこにまとわりつく雷神たちだった。ショッキングなシーンである。

あまりの驚きに声を上げたイザナギは一目散に逃げ出すが、「よくも約束をやぶってこんな恥ずかしい姿を見たな」とイザナミは追いかけてくる。この黄泉比良坂は、島根県松江市東出雲町に残されている。やっとの思いで逃げ延び、そのままイザナギは葦原中国《あしわらのなかつくに》まで戻り、「筑紫《ちくし》の日向《ひむか》の橘《たちばな》の小戸の阿波岐原《あわぎはら》」で汚れを落とすために河に入り体の隅々を洗い清めたのである。

4

国生みからアマテラス大神誕生まで

この禊《みそぎ》の際、顔を洗って左目から生まれたとされるのが、太陽の神・アマテラスで、右目を洗うとツクヨミ（月讀命《つきよみのみこと》）が生まれた。もちろん月の神である。そして鼻を洗うと嵐の神・スサノヲが誕生する。この三柱を「三貴子《みはしらのうずのみこ》」と呼び尊ばれることになる。ただこの誕生話は『古事記』にのみ書かれ、『書紀』にはこの三貴神はイザナギとイザナミの性交によって生まれたとされる。この中で「落ちこぼれ」「困りもの」として描かれるのがスサノヲである。彼は黄泉の国＝根の国に行き、母に会いたいと毎日泣きわめき父・イザナギを困らせ、遂には追放されてしまうのだ。スサノヲは根の国へ行く前に、高天原《たかまがはら》に住む姉のアマテラスに別れを告げに出向いたが、姉は弟が反逆しにきたと思い込み、武装して立ち向かった。しかしスサノヲは「それは誤解だ」とアマテラスと「誓約《うけい》」という儀式を行なう。これは嘘か本当かを見極める占術のようなものである。するとアマテラスの勾玉《まがたま》からは、皇室の祖神となるオシホミミ（天忍穂耳尊《あまのおしほみみのみこと》）はじめ5柱の男神が生まれ、スサノヲの剣からは3柱の女神が生まれたことで、スサノヲの潔白が証明されるという筋立てだ。「ホラ、言ったとおりだろ！」とスサノヲは、調子に乗り乱暴狼藉を働く。そのためアマテラスは天の岩戸に隠れてしまった。太陽の神が岩戸に隠れてしまったので、世の中は真っ暗闇になってしまったのである。

困り果てた神々は集まり、鏡と勾玉を作った。これがのちに「三種《さんしゅ》の神器《じんぎ》」の「八《や》咫鏡《たのかがみ》」「八尺瓊勾玉《やさかにのまがたま》」になるわけだ。鏡と玉を榊《さかき》の木にかけウズメ（天鈿女命《あまのうずめのみこと》）が岩戸の前で踊り出す。胸も腰から下もあらわに露出させ、情熱的に踊るウズメの姿に神々はやんやの大喝采と大歓声。その賑やかな声を聞き、アマテラスは「私が岩戸に隠れているのに、なぜ外は楽しげなのだ」と様子が気になり岩戸の扉をそっと開けた。すると待ち構えていた力持ちのタヂカラオ（天手力雄神《あまのたぢからをのかみ》）が彼女を引き出した。その途端、世の中に光が戻ったとされるのである。

天岩戸と呼ばれる洞窟を御神体として祀る神話の舞台が、天岩戸《あまのいわと》神社。岩戸川をはさみ西と東に本宮が鎮座し、いずれもアマテラスが祭神である。

アマテラスが隠れた『天岩戸《あまのいわと》神社』へ行きたい！

〈住所〉　〒882−1621 宮崎県西臼杵郡高千穂町岩戸1073の1
〈電話番号〉　0982−74−8239
〈こんなパワーを授けてくれる〉　思い通りに事が運ばないとき、どうしてもいい結果が得られないときなど今自分がするべき事柄を教えてくれる。ふさぎがちになった心を解放してくれる。まとまらない考えをひとつにしぼり込んでくれる。神社より500メートル川上の天安河原宮は、八百萬神が集まりアマテラスを岩戸から出す策を話し合った場所。たくさんの神の力を受けて人生の再出発をスタートさせるのにもってこい！

5　ヤマタノオロチからオオクニへ

スサノヲはアマテラスのお籠《こも》りの科《とが》により高天原を追放され、出雲の鳥髪《とりかみ》へと下る。現在の島根県奥出雲町とされる。スサノヲは母が眠る場所に行きたいと泣きわめいたのだから、これで夢が叶ったことにはなる。しかしここからスサノヲは、それまでの「困りもの」イメージを一掃し、まるで人が変わったかのように神話のヒーローとして大活躍する。そのきっかけは鳥髪で出会う老夫婦とその娘、クシナダ姫（奇稲田《くしなだ》姫）の存在である。

老夫婦によれば、毎年、越国《こしのくに》からヤマタノオロチという怪物が現れ、その生贄《いけにえ》に若い娘を差し出さなければならないという。そして今年はクシナダ姫の番である。それを聞いたスサノヲはヤマタノオロチに勝ったらクシナダ姫を嫁にするという約束を取りつけ、激闘の末に勝利を収めるのだ。大蛇の腹から得た「天叢雲剣《あめのむらくものつるぎ》」（草薙《くさなぎの》剣《つるぎ》）こそがもうひとつの「三種の神器」となる剣である。スサノヲはこの剣をアマ

5

ヤマタノオロチからオオクニへ

テラスへ献上し、めでたくクシナダ姫と結婚する。

ヤマタノオロチとは斐伊川《ひいかわ》の氾濫をさし、スサノヲは治水工事を手掛けた人物だったのではないか？　という説は現実的である。治水工事が大蛇退治となっていったようなのだ。出雲の地には、クシナダ姫を守るために身を隠させた八重垣《やえがき》神社、二人の新居跡とされる須我《すが》神社、スサノヲの御霊を祀る須佐神社などスサノヲにゆかりの神社が多い。特に須佐神社は山あいに立つ小さな社だが、周りは緑に囲まれ神秘的で、境内には七不思議とされるものが残されている。

さて続いては、そのスサノヲの子孫に当たるオオクニこと大國《おおくに》主命の登場である。「いなばの白うさぎ」の大黒《だいこく》さまのことである。確かに大國、大黒はいずれも〝ダイコク〟と読むことができる。そんなことから二神は同一視される。

さて大黒こと大國は様々な試練や苦悩を乗り越えた末、スサノヲから日本の国土の統治を任される。スクナヒコナ（少彦名《すくなひこな》）という小人神と協力して国作りに励む。まさに大国（たいこく）づくりへの第一歩である。オオクニはスクナヒコナとともに農業神、医療の神として今日まで崇拝されている。薬や温泉治療といったことを始めたのも、この二神なのである。

　国が栄えている賑わいを高天原から見ていたアマテラスは、「この国は我が子孫が治めるべきである」と思った。日本の統治者は国つ神・オオクニではなく天つ神・アマテラス一族であるべきだということである。そこでアマテラスの子、ホヒ（天穂《あめのほ》日命《ひのみこと》）をはじめとしてオオクニの元に使者を派遣したが、使いたちは出雲の神に心酔してしまい帰ってこない。そこで最後に剣の神・タケミカヅチ（武甕雷男神《たけみかづちおのかみ》）が出雲の稲佐《いなさ》の浜に下り、その力でオオクニから国譲《くにゆず》りの話をつけるのである。この条件として出雲大社が建てられたのだ。

6　初代天皇の祖母はワニの真相

　アマテラスはオオクニから譲り受けた日本を支配するために、孫のニニギを日向《ひゅうが》国の高千穂に降誕させる。これが天孫降臨である。

6

初代天皇の祖母はワニの真相

高千穂峡といえば天岩戸神社も建つ場所だ。また宮崎と鹿児島の県境の霧島連峰にも高千穂峰がある。古くから両者とも「こちらこそが『記紀』にある高千穂の本家である」と譲らないが、ニニギが降誕して出会った女性がサクヤ姫（木花開耶姫《このはなさくやひめ》）という。

サクヤは桜、花の神とされる一方で、同時に美しいが時おり爆発するということから富士山の神としても知られている。その二人の間に生まれたのがホデリ（火照命《ほでり》）、ホオリ（火遠理命《ほおり》、彦火火出見尊《ひこほほでみ》とも）、スソリ（火闌命《すそり》）の息子たち。そのホデリが後に海幸彦《うみさちひこ》として、ホオリが山幸彦《やまさちひこ》として物語で語られることになる。

弟のホオリこと山幸彦は、兄のホデリ海幸彦と漁猟の道具をとりかえ、漁に出たが釣針を失くしてしまう。「釣針を返せ！」と兄に責められ、山幸彦はシオッチ（塩土老翁《しおっちのおじ》）に指示され海神《わたつみのかみ》の宮へと向かう。海の神が失くした物を探してくれるという意味である。この海神の宮こそが、長崎県対馬に建立される和多都美《わたつみ》神社だと伝わる。そこで山幸彦は海神の娘、豊玉姫と恋に落ちるのである。

対馬は九州北方の玄界灘にあり、長崎県に属すが地理的には朝鮮半島に近く、古くから大陸との文化経済交流の窓口だった。

福岡空港から30分強で対馬空港に着く。夕方近い時間に私は空港で借りたレンタカーで神社へと向かった。豊玉姫が座って海を見つめている像がある。社殿まで5つの鳥居が立つが、その2本は海の中からそびえ立っていた。まさに豪快な海の宮にふさわしい光景である。社殿のほうから海を見ると、まるで竜宮城の入口という錯覚に陥る。

宮司が留守だったため御朱印をいただきに翌朝、再びここを訪れ、思わず声を発した。海の中にあったはずの鳥居までが砂浜で陸続きになっているのだ。そこまで歩いていけるのである。

確かに満潮、干潮によって景色は変わるのは納得できる。しかし、ここまで極端に様変わりしていては、驚かずにいられなくなる。ここには豊玉姫と山幸彦が出会ったという玉の井や、満珠瀬《まんじゅせ》、干珠瀬《かんじゅせ》、磯良恵比須《いそらえびす》の御神体石なども残されている。時間がストップした！　そんな感覚に包まれた。

姫君の父である海神は豊玉彦《とよたまひこ》という。海の猛者《もさ》であり大陸から物を日本へと運んだ海の長《おさ》だったと思われる。大海原を自由自在に支配していた水軍や島に住む集団だったと考えられる。つまり海神とは海人族を指していたのだ。

海の中に鳥居が立つ

干潮になると鳥居は陸の上

≫海神の宮『和多都美《わたづみ》神社』へ行きたい！

〈住所〉〒817−1201 長崎県対馬市豊玉町仁位字和宮55
〈電話番号〉0920−52−1566
〈こんなパワーを授けてくれる〉出会いや恋愛、出産にご利益がある神社だが再出発しようとしているときや「どうしようかな？」と迷っているとき、自然と力と道筋を教えてくれる。是非、満潮時と干潮時、2回訪れるべき！

いつしか3年の月日が流れた。これは龍宮城に行った「浦島太郎」の話に酷似している。浦島は父母が心配になり3年後に亀に乗って帰っていくが、こちらは亀ならぬワニに乗って、山幸彦が対馬から戻ってくる。その着いた場所が宮崎県の青島《あおしま》神社である。この神社の祭神はもちろん山幸彦、豊玉姫、さらにシオツチの翁神。

ここは毎年の成人式に、裸踊りという祭りの風習が残る。男は褌《ふんどし》姿、女は白襦袢《しろじゅばん》姿で海に入り禊《みそぎ》をした後に参拝する。これは海から突然帰ってきた山幸彦を人々は衣服を着る間もなく出迎えたというところからくるという。

山幸彦が海から戻ってきた『青島神社』へ行きたい！

〈住所〉　〒889－2162 宮崎県宮崎市青島2－13－1
〈電話番号〉　0985－65－1262
〈こんなパワーを授けてくれる〉　南国の開放的な雰囲気から達成感を感じる。ひとつの仕事が終わったとき、もう少しで目標が達成すると感じたときに詣でるのがいい。恋愛にピリオドが打たれたときなど悲しみを吹き飛ばし、過去を清算してくれる。同時に新しい出会いに期待できる。恋愛に限らず仕事であってもそうである。

しばらくして海国の姫が、出産のためにと鵜戸《うど》の地にやって来た。姫は岩窟の中に鵜《う》の羽で葺《ふ》いた産屋《うぶや》を作らせたが、完成前に産気づく。姫は、「異郷のものは子を産むとき、本国の形で産みます。ですから決して覗かないでください」と夫に頼み込む。イザナギ、イザナミの黄泉の国のシーンと似ている。同じように山幸彦は〝見るな〟の禁を犯して見てしまう。そこで彼の目に飛び込んできた光景は、なんと巨大なワニが産みの苦しみにのたうち回る姿だった。浦島太郎の龍宮城という話から龍に変じたともされる。その姿に驚いた山幸彦は恐れをなしてその場から逃げ出す。

やはり似ている。

しかし豊玉姫の正体がワニだったというのではこれまた作り話だ。これはのちの豪族、和珥《わに》氏に関係しているのではないかと考えられるのだ。和珥氏の本拠地は旧大和国の和迩《わに》、現在の奈良県天理市和爾《わに》町付近だが、遡《さかのぼ》ると対馬にたどり着くという。今も対馬最北端の場所を鰐浦《わにうら》とよぶ。釜山《ぷさん》まで53キロメートルという韓国にもっとも近い村で、古くから天然の良港として知られる。のちの神功《じんぐう》皇后の三韓征伐の際も「和珥津《わにのつ》」として登場する場所だ。江戸時代にも朝鮮への渡航地としてにぎわい、関所まで置かれていた港で、実は大和朝廷の水路管理者の和迩氏が、ここに住んでいたために命名されたという説があるのだ。

和迩氏は安曇《あずみ》氏、海部《あまべ》氏、宗像《むなかた》氏らと同じ海人族で、古代は九州北部で航海を専門とする氏族だった。後期旧石器時代に朝鮮半島から日本列島に渡来したといわれ、長崎の五島《ごとう》列島で漁労をしていたがその後、壱岐や対馬へと進出していった。それどこ

6

初代天皇の祖母はワニの真相

ろか鰐（ワニ）という言葉の本来の意味は、船や水夫を指すのだ。海神が娘に最高の嫁入り支度として、船と水夫を伴わせて対馬からやってきたということになれば納得できよう。「異郷の者は本来の姿に戻って出産いたします。ですからそれを見られたくはないのです」というのも、違う世界の人間だからという話になっているが、実際は陣痛が始まったら生まれる前まで女性たちは命を賭して戦う。「痛～い！　早く～！」といった言葉は、自然とふるさとの言葉になるだろう。それこそが本来の姿だ。のたうち回りながら新しい命を誕生させる姿は、ワニや龍などの大きな動物が動いているように錯覚するはずだ。それに驚き、後ずさりする男性がいてもおかしくはない。難産を和迩族に引っ掛け、ワニの姿に変わって出産したと表現したとなれば、こちらも納得である。

そうして豊玉姫は出産する。子供の名はウガヤフキアエズ（鵜《う》葺《がや》草《ふき》葺不合命《あえずのみこと》）。その出産場所として今も残るのが宮崎県日南市にある鵜戸《うど》神宮である。鵜の羽で屋根を葺《ふ》いたというのにもぴったりの名といえよう。

≫豊玉姫が出産した『鵜戸神宮』へ行きたい！

〈住所〉 〒887−0101 宮崎県日南市大字宮浦3232
〈電話番号〉 0987−29−1001
〈こんなパワーを授けてくれる〉 ここも結婚、出産、子供の成長を後押ししてくれる。仕事、恋愛において些細《ささい》なことで連絡が途切れたり、「そろそろ終わりかな？」などと考えている人、また「人生真っ暗」などといった考えが浮かんだときに参ると、スタートしたときのパワーをもう一度思い出させてくれたり、あきらめが肝心な場合は、すっぱりと切り離す勇気が湧く。それによる出世運も開ける。昼過ぎ、どちらかといえば夕方に近い時間にお参りするといい。

豊玉姫は「いつまでもあなたのそばにいようと思っていましたが、恥ずかしいところを見られてはこれ以上は、一緒にいられません」と海の国へ帰ってしまう。そこで自分の代わりに妹の玉依《たまより》姫に子育てを頼み、その後、玉依姫がこの地で子どもを育てるのだ。これが彼女たちは動物のワニではなかったという答えにもなる。自分がワニ

であることがばれて恥ずかしくて姉は故郷に帰ったはずである。と、なれば妹だってワニではないか。それならわざわざ、子育てさせるためにその地に残すはずはないかられである。山幸彦側だってワニと知りつつ、妹に育ててもらわなくてもよかろう。子持ちとはいえ山幸彦ほどの男に後妻が来ないわけもない。

だから姉は産後のひだちが悪く子育てができなくなったため、ふるさと対馬に戻ったのだろう。病が治癒するまでの間と妹に子育てを依頼した。しかし、豊玉姫は対馬で息を引き取るのだ。姉の代わりに姉と山幸彦の息子、ウガヤフキを養育することになった妹の玉依姫は、その後、ウガヤフキと結ばれることになる。

7 初代天皇、神武が生まれて育ったところ

山幸彦の息子、アエズと叔母でもある玉依姫との間には4人の男児が生まれた。イツセ（彦五瀬命《ひこいつせのみこと》）、イナヒ（稲氷命《いなひのみこと》）、ミケイリノ（御毛入野命《みけいりののみこと》）、そしてワカミケ

ヌ（若御毛沼命《わかみけぬのみこと》）である。彼らがこの後、九州から東国へと進んでゆくのだ。つまり天皇家の礎《いしずえ》である。そして四男のワカミケヌこそが、初代天皇として即位することになる神武天皇なのだ。ここから天皇の名前が登場するが、神武はじめ歴代の名称は諡号《しごう》、すなわち後に贈られた名前、追号である。諡号は貴人、僧侶などに死後、生前の行ないを尊んで贈る名のことだ。実際の意味とは多少異なるが、仏教における戒名とか法名というものに近いと覚えておけば分かりやすいだろうか。つまり神武天皇がこの世に存在し、大和国へと東征しているときは、神武天皇とは誰も呼ばなかった。この名前は亡くなった後に付けられたということだ。しかし、実際の名前では難しすぎるし、説明も分かりづらくなるので、あえて「神武天皇は……」や「16代の仁徳《にんとく》は……」といった書き方をしているのでご了承願いたい。

さてその神武など四皇子が生まれ育った所と伝わる宮崎市佐土原に佐野原《さのばる》神社である。神武の幼名とされる狭野尊《さののみこと》は佐野原に関連しているとされ、『神武の里』といわれる高原《たかはる》町にある狭野《さの》神社は神武誕生の地とされている。狭野神社の境内に聳《そび》える狭野杉は、高さ61・3メートル、幹周り9メートルもあり、その迫力に圧倒される。以前参拝したとき、本殿に向かって拍手《かしわで》を打っている最中にかつて体験したことがないめまいに襲われ、たじろいたことがある。もしや病気ではと病院で診てもらったが異常なし。「どうやらあれが、パワーというものなのか……」と思った場所だ。

》神武天皇生誕の地とされる『狭野《さの》神社』へ行きたい！

〈住所〉〒889－4414 宮崎県西諸県郡高原町大字蒲牟田117
〈電話番号〉0984－42－1007
〈こんなパワーを授けてくれる〉パワー全開。新しく学校や職場に入ったとき、「こういうことをやってみたい」という大願を持ったときに参拝すると、そのヒントをいただける。迷い事があるときは、参拝途中でいい解決法がひらめく。

実はその日、狭野神社の前に訪ねたのが霧島神宮だった。ここが宮崎県と鹿児島県にまたがって聳《そび》える霧島連山の高千穂峰がある場所だ。高千穂は天孫が降臨した場所。こちらの高千穂峰の山頂には天降りしたニニギが突き立てたという天逆鉾《あまのさかほこ》が残されている。この霊峰を背に建つのが霧島神宮なのだ。坂本龍《りょう》馬《ま》と妻・お龍《りょう》がこの地を訪れ

遊んだという、新婚旅行発祥の場所ともされる神社だ。

社殿が織りなす秀麗な美しさ。人間には貴いものや美しいものを見て〝神聖である〟と感じる能力があるというが、まさにそれを引き出す力をこの神社は持つ。そこから車で15分ほど山に登ってゆくと、高千穂峰登山道入口脇の高千穂河原にある霧島神宮の古宮址《こぐうし》に着く。ここの正式名称は天孫降臨神籬《ひもろぎ》斎場。噴火により神宮は現在地に遷されたとされるから、古宮址といわれるのだ。ここを参拝したときも、まるで何かにピシャと叩きのめされるような感覚を受け、思わず大声で「うぉ〜」と叫んでしまった。そこには「ああ、ここここそが降臨の場所に違いない」と、思い込ませる説得力があった。古宮から登ってきた道を車で下るときには鹿に遭遇、そして狭野神社でのめまい体験へと続くわけである。鹿は神の使いともされる。

7
初代天皇、神武が生まれて育ったところ

天孫降臨の地とされる『霧島《きりしま》神宮』『古宮址《こぐうし》』へ行きたい！

〈住所〉　〒899－4201 鹿児島県霧島市霧島田口2608－5
〈電話番号〉　0995－57－0001
〈こんなパワーを授けてくれる〉　岐路に立ったとき、進むべき道を教えてくれる。しかし、自分にだけ都合よい考え方や、持論を押し付けるような態度に出ると失敗を招くことがある。いや、それも教えられている、導かれているということなのだが……。

皇子原《おうじばる》に生まれた四兄弟が、その後に住んだという高千穂宮とは一体どこを指すのか。祖父・山幸彦が580歳まで住んだとされる鹿児島神宮と並び、高千穂宮の伝承地とされているのが、宮崎市の中心部のうっそうとした森に囲まれた宮崎神宮である。

ここの社伝には、神武天皇の孫・イワタツ（建磐龍命《たけいわたつのみこと》）が天皇をこの地で祀り、崇《すう》神《じん》天皇の時代に社殿を建てたとある。大正時代は宮崎神宮の別宮が狭野神社だった。

この神宮の北西部にある小高い丘には、およそ九千平方メートルの樹林がある。そ

ここにある古い社が皇宮屋《こぐや》とよばれる皇宮神社。ここここそが神武天皇東征まで住んでいた宮殿の跡地と伝わる。ワカミケヌは生まれついて聡明で、強い意志の持主だった。15歳で皇太子となり妻を娶《めと》った。

『古事記』では阿多の小埼《おばし》の君の妹、アヒラ姫（阿比良比賣《あひらひめ》）と結婚したとされ、タギシミミ（多芸志美々命《たぎしみみのみこと》）、キスミミ（岐須美々命《きすみみのみこと》）の兄弟をもうけたとある。『書紀』では、日向国吾田邑《あたむら》のアヒラツ姫（吾平津媛《あひらつひめ》）を妃としており、テギシミミ（手《て》研耳命《ぎしみみのみこと》）を生んだとされるが、いずれにも見える阿多、吾田は鹿児島県西部の古い呼び名である。天孫降臨したニニギの妻・サクヤ姫も阿多（吾田）の出身とされる。

妻をここに置いてワカミケヌは東征を始めるが、妻・アラヒツ姫を祀る神社に日南市の吾平津《あひらつ》神社がある。ここには鳥居の前に姫の像が立っているが、姫の祈りのままにこの神社は、交通安全や航海安全、大きなことを成し遂げる力をもたらしてくれる。同じく日南には姫を祀る吾田《あがた》神社、生達《そだつ》神社なども建つ。

神武天皇の和風の名前は『古事記』では、ワカミケヌのほかに、トヨミケヌ（豊御毛沼）、イワレビコ（神倭伊波礼毘古命《かむやまといわれびこのみこと》）、『日本書紀』では、磐余彦の字でイワレビ

7

初代天皇、神武が生まれて育ったところ

コとよんでいる。〝即位前紀〟の項冒頭には、「神日本磐余彦天皇、諱《ただのみな》は彦火火出見《ひこほほでみ》（ホホデミ）」と書かれている。諱（ただのみな＝いみな）というのは実名、本名ということになるのだが、このホホデミという名、祖父・山幸彦と同じなのである。ここらが580歳まで生きたということにつながっているのかもしれない。

このホホデミことイワレビコが、とうとう日向から東へと向かう時期が訪れた。『書紀』によるとイワレビコは45歳で東征を始めるが、そのとき「天孫降臨から179万2470年あまりが過ぎながら、まだ十分に統治が行き届いていない」という理由を述べている。

580年で驚いてはいられない。179万年ときた！　あまりにも気が遠くなる数字である。もう一度おさらいしてみよう。ニニギが高天原から降りてきて、阿多のサクヤ姫に会って2代目の山幸彦が生まれる。山幸彦と海の国、対馬のワニ姫との間にアエズが生まれる。これで3代目である。母の妹を娶ってイワレビコらの四兄弟が生まれる。どう考えても4代目である。4代目が45歳の年で179万年以上経っているということは、一代が約45万年ということになる。いや、45万年ではなく神武東征時

が45歳だというのだから、45万年は45年のことをさしているのではないか？

それならば4代で179年余り経っていたという意味ではあるまいか。これならばまあ納得もいくが、179万2470年と、細かい数字を並べていることに何かもう少し深い意味を感じずにはいられない。

これなら考えられる。長い歴史を誇るように見せるために300年を179万……と書き記したのではないかと謎解きをする。どちらにしても長い時間、後の天皇家は九州日向の地で暮らしていたことに違いはないのだろう。そして「日本国をひとつにまとめようと考えた……」という解釈である。しかしその時代、日本という国が広いという観点を持つ者はいるのだろうか？　イワレビコがこの時点で、九州全域をまとめていたとしていても、海の向こうの土地までまとめようという考えを持てるものなのだろうか。

そこに登場するのがシオツチの爺なのである。爺は「東方に美しき地《くに》があります。四方を青い山が囲んでいる。その中に天磐船《あまのいわふね》で降《くだ》った饒速日命《にぎはやひのみこと》（ニギハヤヒ）という者がおります。そここそ都を作るべき、我が国の中心の地なのです」とイワレビコ

7
初代天皇、神武が生まれて育ったところ

に話し、それに従ったのである。ニギハヤヒが天の磐船で降り立ったとされる場所が磐船神社だ。

神武が今でいう本州へと歩みを進める以前に、ニギハヤヒはすでにアマテラスの大神から十種類の神宝を授かって河内国《かわちのくに》(大阪府交野《かたの》市)河上の哮ヶ峯《たけるがみね》に降臨したというのだ。その伝承が残る場所に神社は建つ。

十種神宝《とくさのかむたから》は鏡や玉などで、「一二三四五六七八九十《ひふみよいむなやここのたり》」と唱えてゆらゆらと振れば、たとえ死人であっても生き返らせる呪力を発するものだという。それを手に太陽神ともされるニギハヤヒは、神武一行がのちに到着する東大阪の白肩津《しらかたのつ》にほど近い現在の大阪市交野市の南端、天野川渓谷沿いにある地に舞い降りたのだ。

ここを訪れたときも驚いた。高さ約12メートル、長さ約12メートルの舟の形をした巨石が、まるで天野川を跨《また》ぐように横たわっていたのだ。独立した巨石は、天から降りてきた以外に考えられないと思わせるには充分な迫力だ。巨岩の前に小さな拝殿、上流に社務所がある。宮司と話した後、行衣《ぎょうい》を借り〝岩窟めぐり〟を体験した。岩窟へ梯子《はしご》のような階段で5メートルほど下る。ここは太古の修験道の行場《ぎょうば》だが、人

一人やっとくぐり抜けられるような穴のような狭い部分もある。ここを巡るだけで行《ぎょう》になるといわれる神仏習合の色合いが強く残されている。

≫ニギハヤヒが降りた『磐《いわ》船《ふね》神社』へ行きたい！

〈住所〉　〒576－0033 大阪府交野市私市9－19－1

〈電話番号〉　072－891－2125

〈こんなパワーを授けてくれる〉　苦しくてもひとつのことを最後までしっかりやり遂げたいと思っているときや、「でかいことやってやろう」と決めたときに後押ししてくれる。岩窟めぐりは充分注意しながら体験することをすすめる。

天磐船に乗って先に降り立ったニギハヤヒの存在を知っていたシオツチ爺は、海路の神、導きの神と同時に、情報通であり智恵者だったのだろう。東征をイワレビコにすすめる部分は、シオツチが山幸彦に海神の宮へといざなったときと同スタイルである。先述どおり、山幸彦の実名とイワレビコの実名は同じだ。そうなれば、山幸彦こそが初代天皇神武である可能性も否定できなくなるのだが……。

7

初代天皇、神武が生まれて育ったところ

だがシオツチの指示を受けただけで、45歳まで住み慣れた土地を捨て妻を捨て、遠くまで行くものだろうか。今でこそ長寿国ニッポンではあるが、歴史的にいえばつい最近まで『人生50年』という言葉があったではないか。人生は上手に生きて50年だったのだ。紀元前の話だから、人は50年も生きるはずはない。縄文人の平均年齢は14・6歳とされる。子供のうちに死んでしまうことが多かったということだろうが、たとえ大人になったとしても50歳に到達することは奇跡に近かった。どうしてもこの地を離れなければならない理由がないのなら、45歳になって旅するのは不自然だ。だからどうしてもこの地から離れなくてはならない事件が起こったと考えるほうがしっくりとくる。

しかし、この時代は1年を2年に数える「2倍年暦」というものが用いられていたという説がある。天孫は稲作を持って日本の地に降りた一族である。そのため代々の子孫の名に「穂」が付けられている。神武も彦穂穂出見命《ひこほほでみのみこと》と〝穂〟が付く名前を持っているが、昔は稲作によって新米ができると、そこで「1年」と数えていたというのだ。宮崎や鹿児島など年間を通じて温暖な地方は、二期作のような形で1年のうち

に2度米が収穫できたら、1年のうちにもう1回「1年」と数えることになったのではないか。これが1年を2年に数える「2倍年暦」というものだ。そのたびに年を重ねる。だから1年で2歳になってしまう。それであればイワレビコは45歳とされているから、実際は半分の22歳か23歳だったということになる。別段、嫁がいても子供がいてもおかしい年齢ではない。

その若さであれば九州勢力を東へと向けていこうという野望が湧いてもおかしくはない。そうなれば「天孫降臨してから300年」という話も、実際は150年あまりなのかもしれないが……。

しかしもうひとつ考えられるのは、やはりやむなくこの土地を捨てることなのだ。真っ先に考えられるのは自然災害である。天孫が降りてきたとされる霧島や阿蘇、雲仙、鹿児島桜島の大噴や地震、津波などの自然災害が、この地を離れなければならなかった理由だとしたらどうだろうか。それならば年齢など関係なく、新たな移住の地を探さなくてはならない。イワレビコ一族がいたとされるあたりは、現在でも台風が上陸しやすい場所だ。「稲作を行なうのに、もっと適した場所はないだろうか?」。そう考えていたときに、それこそ霧島や桜島の大噴火が起こったとしたら……。

だからこそ東征に踏み切った。考えてみれば、定住の地となる大和は稲作にはもってこいの地の利といえる。大和平野には四方の山から流れる川の水が平野の中央に集まってくるし、平野はなだらかで開墾も楽。日照時間も長い。最終的にこの地に都が置かれるようになった理由は、米作りに関係していると思うのだ。

しかしながら初代天皇になるイワレビコ以外の兄たちは、同行しながらも最終移転地、大和には入れなかった。末弟が45歳のときの出発だから、何年もかけて大和へたどり着くまでに高齢になった兄たちが命を落としたと考えることはできる。乗り物や馬があった時代ではない。そんなことからか『古事記』では東征前すでに次男のイナヒと三男のミケイリノは没したように書かれ、『書紀』では兄弟みなで九州を旅立つものの、大和にたどり着く前に次々亡くなっている。

8 初代天皇、東へ向かう

『古事記』の中では長男のイツセと末弟のイワレビコの二人だけで皇宮屋を出発することになる。

宮崎神宮近くの皇宮屋には「皇軍発祥之地」の碑が立つ。さしずめ、ここから九州の豪族が敵を蹴散らしながら大和へと進んでいったのだろう。重要伝統的建造物群保存地区に指定されている日南の美々津にある立磐《たていわ》神社参道入口には、高さ10メートルを超える大きな石の塔が立つ。こちらには「日本海軍発祥之地」。イワレビコ兄弟の指揮のもと行動した最初の海軍

1940年に建てられた「皇軍発祥之地」の碑

という意味合いだ。

立磐神社の祭神は「海の神」「航海の神」、さらに「軍事の神」として崇められる住《すみ》吉《よし》の大神である。ここからまずは筑紫国を目指してゆくのである。

≫日本海軍発祥の地『立磐《たていわ》神社』へ行きたい！

〈住所〉〒889−1111 宮崎県日向市美々津町3419

〈電話番号〉0982−58−1101

〈こんなパワーを授けてくれる〉ここに立つと自分のちっぽけさがわかる。それでも大志を持って歩み出せ！ 振り向かず前進したいときにはもってこい。天気の良い日に拝むとよりよい。

美々津を船出した一行は、『古事記』ではまず豊国《とよのくに》宇沙という場所に着岸する。その国の宇沙都比古《うさつひこ》（宇佐彦）、宇沙都比売《うさつひめ》（宇佐姫）が仮宮を建て食膳を奉じたが、『書紀』では宇沙に着く前に速吸之門《はやすいのと》を通る。『古事記』では宇沙、筑後《ちくご》、安芸、吉備《きび》の宮の後にこの速吸之門が登場する。登場部分によって速吸之門は異なる。

速吸とは「潮流の速い海峡」ということだが、『書紀』ではそこを大分市の関崎（旧・佐賀関町）と愛媛県伊方町（旧三崎町）の佐田岬によってはさまれる海峡とする。これは豊後と伊予の間、豊予《ほうよ》海峡である。瀬戸内海と豊後水道を上下する潮流が激しく流れ、海底も複雑。馬の背のような尾根が走る難所である。

ここをイワレビコ一行が通りかかるとき、潮の流れを静めるために海女《あま》の黒砂《いさご》と真砂《まさご》姉妹が、海底で大きなタコが持っている神剣を取り上げて奉献したとされる。イワレビコはこの剣を御神体として、祓戸《ばらえど》の大神（速吸日女《はやすいひめ》）を奉って建国を請願したとされると早吸日女《はやすいひめ》神社の社伝にはある。この海峡は好漁場として知られ、佐賀関港に水揚げされるアジとサバは速い潮流により身が引き締まり脂ものっている。有名な〝関あじ〟〝関さば〟だ。ところでタコとは？

今もここの神社に仕える神職はタコを一切口にしない。さらに参拝者の心願成就を書いたタコの画を奉納、〝タコ断ち祈願〟を行なう。タコの足は8本ある。8人の人間を表わしているとも、大人数のタコのように自由に海を支配する集団のことだとも解される。

速吸之門の『早吸日女《はやすいひめ》神社』へ行きたい！

〈住所〉〒879−2201 大分県大分市佐賀関3329
〈電話番号〉097−575−0341
〈こんなパワーを授けてくれる〉病気克服にいい。自分のことより、ほかの人が心配で……なんていう方におすすめ！ また自分の企画を会社や学校で取り入れられたいと考えている人にもいい。漁業関係の職種の守り神でもある。

『古事記』では吉備津《きびつ》国のあと、速吸門を通ることになっているから、こちらは地理的に豊予海峡ではない。吉備国の児島湾口の古称もまた、速水の戸と称されている。現在は児島が半島になったことで潮流が緩やかになっているが、その昔は潮流が速く阿波の鳴戸《なると》にも劣らないほどだったという。

そんな困難な海上で、イワレビコ一行は漁夫と出会う。彼は亀に乗り釣り糸を垂らしながら、両袖を羽ばたかせて近寄ってきた。名を珍彦《うずひこ》といった。「おまえは私たちを先導してくれるか？」と訊《たず》ねると「ご先導いたしましょう」と答え、珍彦はその後、イワレビコ一行の水先案内人となる。彼こそが大ダコの正体だったのか？

天皇は珍彦にシイネツ彦（椎根津彦《しいねつひこ》）の名を与え、難なく海を渡った。豊予海峡を臨む佐賀関に珍彦を祀る椎根津彦神社がある。後に珍彦が大和国造《やまとのくにのみやつこ》（倭直部《やまとのあたい》）に任ぜられたことを伝え聞いた里人たちが祠を立てて祀ったのが創祀で周辺の地名を神山、社地は命《みこと》の住居跡とよばれる。

≫潮路を導く『椎根津彦《しいねつひこ》神社』へ行きたい！

〈住所〉　〒879－2201 大分県大分市佐賀関1812

〈こんなパワーを授けてくれる〉　困難なことが目の前に立ちはだかったとき、どの道を選ぶべきか迷っているとき、進むべき方向を伝授。迷いごとの解決にも。

9 天皇、海を渡る

珍彦《うずひこ》の先導で天皇一行は宇沙（宇佐、菟狭）に至った。宇佐彦と姫兄妹が天皇をもてなした場所は一柱騰宮《あしひとつあがりのみや》とされる。大分県宇佐市和気《わき》にある柁鼻《かじはな》神社の由緒には「一行は柁鼻の地に上陸した」とある。柁鼻は舵の形をした突き出た岬のことだがこの地は昔、海岸線だった。イワレビコは佐賀関、国東《くにさき》、竹田を経由してここに上陸したと思われる。

宇佐市拝田も「足一騰宮」跡地といわれるが、いずれも天皇はもてなしを喜び、応えるべく宇佐姫を自分の侍臣で祭祀を司るタネコ（天種子命《あめのたねこのみこと》）の嫁に迎えた。タネコはニニギとともに降臨したコヤネ（天児屋命《あめのこやねのみこと》）の子孫で、コヤネは後に春日大社の祭神・春日大神と同一神とされた。アマテラスが岩戸に隠れたときに祝詞《のりと》を上げて、無事に岩戸から外に出した功績から、朝廷の祭祀を司る役目を受け持つことになる、のちの中臣《なかとみ》氏の祖神である。

宇佐から一行は続いて筑紫国《つくしのくに》の岡田宮に1年滞在、阿岐国《あきのくに》の多祁理宮《たぎりのみや》に7年、さらに吉備《きび》国の高島宮に8年滞在し、16年目にしてようやく河内国《かわちのくに》白肩津に至ったとされる。一方、『書紀』では、神武天皇が出発してから大和の地で初代天皇に即位するまでを6年目としている。

筑紫国の岡田宮は、遠賀《おんが》川の河口に当たる崗水門《おかのみなと》、福岡県遠賀郡芦屋町あたり。ここに神武天皇社という神社がある。岡田宮がこの地にあったことに由来しているが、岡田宮は現在、北九州市八幡西区黒崎地区に建つ。毎年7月には岡田宮へ奉納する黒崎祇園山笠が北九州の風物詩として有名だ。

途中で逗留《とうりゅう》したということから、一度立ち止まって今おかれている自分を見つめ直すことができるというご利益をいただける神社だ。

9
天皇、海を渡る

≫神武天皇が1年間滞在した『岡田宮《おかだぐう》』へ行きたい！

〈住所〉〒806－0033 福岡県北九州市八幡西区岡田町1－1
〈電話番号〉093－621－1898
〈こんなパワーを授けてくれる〉道半ば、まだまだこんなもんじゃ足りない！というとき、次に何をすべきかを教えてくれる。すがすがしい気分になれる。

九州から海を渡った一行は阿岐《あき》の多祁理宮《たけりのみや》に到着。『書紀』ではここを埃宮《えのみや》とよんでいる。ここが現在の広島県安芸郡府中町にある多家《たけ》神社だとされている。〝多祁〟が〝多家〟へと変わっているが、〝多祁理〟は哮《たけ》る、つまり大声で叫ぶ、また〝たぎる〟、激しい勢いで流れるという意味を持つ。そこでこの神社では、長い階段を上って本殿に着いたら願望を精一杯、激しい勢いを持って心の中で、または周囲に気を配りながらも口にすることで願いが叶うとされている。

神武一行も新しい時代の夜明けを激しく吠え叫びながらこの地に逗留していたのだ

ろうか。神社の由緒を書いた立て看板には、多家神社（埃宮）と記されているからますます信憑性がわく。だがここは実のところ、平安以降に武士の抗争により社勢が衰退し、一度所在が全く不明になった時期があった。それが江戸時代になってこの神社から南に500メートルの場所に建つ松崎八幡宮が、境内社の「たけい社」こそが多祁理宮だと主張し始める。その一方で当社北500メートルにある安芸国総社が後裔を主張したのだ。

結局は明治6（1873）年になり両社を廃止、現在地の「誰曽廼森《たれそのもり》」に社殿が造営され、多家神社が創建されたのだ。なお松崎八幡宮跡地には神武天皇が腰掛けて休んだという腰掛岩が残り、徒歩5分ほどの高台には神武天皇聖蹟埃宮・多祁理宮顕彰碑も立っている。

阿岐の多祁理宮『多家《たけ》神社（埃宮）』へ行きたい！

〈住所〉　〒735－0005 広島県安芸郡府中町宮ノ町3－1－13
〈電話番号〉　082－282－2427
〈こんなパワーを授けてくれる〉　思いを口にすること、また強い思いを持って、しっかりと明確な願いを持って拝むことにより、道が開ける。特に転校、転職、新たなスタートに効果あり。強い思いが届く。真剣に！

阿岐の次は吉備高島宮だ。『古事記』ではここに8年、『日本書紀』でも3年滞在した場所とされ、ここで船や武器、兵糧《ひょうろう》を備え大和へ向かい出航したとされる。吉備は古代日本における有力な地方国家である。

この吉備高島宮の伝承地として文部省が「昭和の神武天皇聖蹟調査」の際に比定したのが、現在の岡山市南区宮浦あたりだ。新岡山港からすぐの高島という無人島の南側にある高嶋神社が吉備高島宮伝承地とされる。高嶋神社の裏山には祭祀跡の磐座《いわくら》が残され、さらに高島宮跡に後々、神社を創祀したという伝承が決め手となっているが、岡山県内には同じような伝承を持つ場所がほかにも複数存在している。

岡山市中区賞田の高島神社にも吉備高島宮址の碑が立ち、笠岡《かさおか》諸島にある高島神社の裏手にある神卜山《かみうら》は神武天皇が吉凶を占った場所と伝わる。福山田尻町の八幡神社の鳥居右奥にも宮址碑があり、田島の皇森《こうもり》神社の拝殿右手も宮趾碑が立つという具合なのだ。いずれにしてもこの周辺であることに間違いはなさそうだ。

大和への道はまだまだ続く。『書紀』ではすでに出会っているが、『古事記』ではこのあとの部分で船に乗ってシイネツ彦に出会うことになっている。シイネツ彦の水先案内によって、明石海峡を無事通過した一行は浪速渡《なみはやのわたり》を経て、白肩津の港に停泊した。

浪速（なみはや）が〝なにわ〟となり浪花、難波となったとされるが、浪速之碕顕彰碑が立つのは大阪市中央区天神橋の大阪天満宮境内である。当時の大阪は生駒《いこま》山の麓まで広大な潟湖《せきこ》が食い込んでいた。砂州により海と湾が切り離され湖、潟《かた》が生まれていたのだ。白肩津はその東端、現在の東大阪市日下町あたりにあったとされる港で、白肩津に上陸した一行はここで2カ月ほど兵を整えて竜田へと向かう。竜田とは

9
天皇、海を渡る

奈良県生駒郡三郷町にある〝風神〟龍田大社《たつたたいしゃ》あたりだと見る。

河内国から大和国に入るのなら、竜田に向かうのが断然近道だが、道が険しく狭かったため軍隊は隊列を組んで行くことができなかった。そのため引き返し、孔舎衙坂《くさえのさか》に差し掛かったとき、大和の登美に勢力を持つ土豪・ナガスネ彦（長髄彦＝登美彦）一行に行く手を阻まれた。ナガスネ彦とは、天磐船でこの地に降り立っているニギハヤヒに仕えていた人物である。

ナガスネ彦側が圧倒的勝利を上げ、神武の兄・イツセはここで敵の流れ矢で負傷してしまう。「私は日神《ひのかみ》（アマテラス）の子孫でありながら、太陽に向かって戦っているのは良くなかった。それで賤《いや》しい奴の矢で重傷を負った。今から遠回りしてでも日を背にして敵を撃つことにしよう」と誓い、東へ大きく迂回して進む策に変更したのだ。

ここで考えられるのは、やはりニギハヤヒは最初、太陽神として祀られていたのではなかったのか？　ということだ。「太陽に向かって戦っている」という兄・イツセの言葉から、アマテラスとニギハヤヒ自体が戦っていたという意味を持つのではないのかとも考えられはしまいか。もしかすると、この時期まではニギハヤヒこそが太陽神であったものを、最終的な戦いの末、アマテラスへと移行した、または移行させたという見方もできるのである。

兄・イツセの傷はいよいよ悪化してくる。血を洗い流した血沼海《ちぬのうみ》（茅渟海）の山城水門《やまきのみなと》（大阪府泉南市男里《おのさと》あたり）で、「賤しい奴にケガを負わされ死ぬことになるとは」と、結局亡くなってしまうのだ。無念の雄たけびから、そこを雄水門とよぶ。

ここには志半ばに息絶えたイツセを祀る男《おの》神社が残っている。鳥居をくぐると、まるで苦しみ悔しさの声が聞こえてくるようだ。さらに和歌山市小野町にある水門・吹上神社も、同様の伝承が由緒の中に見ることができる。イツセが葬られたのは和歌山市和田にある竈山《かまやま》神社。イツセの神霊を祀り、本殿背後には墓とされる竈山墓がある。

》イワレビコの兄イッセの臨終の地『男神社《おの》』へ行きたい！

〈住所〉〒590−0526 大阪府泉南市男里3−16−1
〈電話番号〉072−483−2266
〈こんなパワーを授けてくれる〉苦しいとき、目標が叶わなかったとき原因を教えてくれる。心身ともにたくましい男性になりたい！と思っている人にもいい。

》イッセ伝承が残る『水門《みなと》吹《ふき》上《あげ》神社』へ行きたい！

〈住所〉〒640−8224 和歌山県和歌山市小野町2−1
〈電話番号〉073−422−7007
〈こんなパワーを授けてくれる〉男だったらこう生きて行きたい。自分の弱さや優柔不断さを切り捨てたい人もどうぞ。

イッセが眠る『竈山《かまやま》神社』へ行きたい！

〈住所〉　〒641―0004　和歌山県和歌山市和田438
〈電話番号〉　073―471―1457
〈こんなパワーを授けてくれる〉　悔しさをばねにしてもう一度チャレンジする。一度思ったら最後までやり遂げるという力を授けてくれる。

10　ルート変更！　初代天皇はどの道を歩いたか？

太陽を背にして敵に立ち向かおうというイッセの計画を実行するべくイワレビコはその後、名草邑《なぐさのむら》（和歌山市西南部の名草山付近）に回り込んだ。『書紀』によればそこで名草戸畔《なぐさとべ》という者を討伐している。戦いの具体的な記述はないが、和歌山市から

10

ルート変更！　初代天皇はどの道を歩いたか？

海南市あたりにかけては東征伝承が残っている。

戸畔《とべ》とは女性の族長のことだから、名草戸畔とは名草地域の女王だ。そこにイワレビコ軍が入ってくる。幸せだった村の暮らしは一変する。イワレビコ軍も食料の調達や兵士の補充、紀ノ川の水運確保など、この地を制圧しなければならない理由があった。和歌山市から海南市に抜ける潮見峠という小さな峠がある。峠の西側にクモ池という池があり、このあたりが神武軍との戦いの場になったとされている。

ここで名草の女王は抵抗もむなしく神武軍によって殺され無残にも頭、胴、足が切り刻まれたという。村人たちは無残に捨て置かれた頭を宇賀部《うがべ》神社、別名・おこべさん（こうべ＝頭）に、胴の部分を杉尾神社、別名・おはらさん（はら＝腹）に、そして足を千種《ちぐさ》（百草）神社、別名あしがみさん（あし＝足）さんに葬ったという。さらに女王・名草戸畔を祀る神社として和歌山市吉原の名草山に中言《なかごと》神社もある。

天皇家誕生前には、こうした悲しみや苦しみをかかえた人々も点在したのだろう。まさに「征服の旅」だったのである。

名草の女王を祀る『中言《なかごと》神社』へ行きたい！

〈住所〉〒642－0011　和歌山県海南市黒江933
〈電話番号〉073－482－1199
〈こんなパワーを授けてくれる〉仕事で上に立ちたい、新しい時代のトップ・ランナーになりたい！　と考えている人に力を与えてくれる。

名草の女王を征伐し神武軍は名草から狭野《さの》を越え、熊野の神邑《みわのむら》に至る。そこで天《あまの》磐盾《いわたて》に登って前進した。〝狭野〟といえば神武天皇の幼名と同じだし、生まれた場所とされる神社名も狭野だ。その地名が和歌山県新宮市にも残っているのが興味を引く。

ここに近い三輪崎には、「皇軍上陸の地」を記念して建てられた荒坂津《あらさかつ》神社がある。さらに「熊野神邑」の碑が立つのは、同じ新宮市の阿須賀《あすか》神社。

熊野地方では熊野権現はまず神倉神社に降臨し、61年後にここ阿須賀神社の北側にある石淵谷に勧請され、「熊野権現《くまのごんげん》」という神名がここではじめて現れたとされる。

10
ルート変更！　初代天皇はどの道を歩いたか？

阿須賀神社から歩いても30分足らずの熊野権現の降臨場所、神倉神社のゴトビキ岩が、天磐盾ということになる。

５３８段の自然石の石段を登りつめると、この神社の御神体であるゴトビキ岩が見えてくる。まさかの迫力だ。これはすぐ後に出てくる熊野到着後に毒に当たり倒れてしまう天皇軍を助け出すタカクラジ（高倉下《たかくらじ》）を祀る神社である。熊野速玉大社の飛地境内に鎮座する摂社だが、「ああ、これぞ神のパワー」「間違いなくここに降臨した」と思わせてくれるおすすめスポットでもある。

石段を10分ほど上ってゆくと街を一望できる御神体のある神倉山の頂きに着く。巨大なゴトビキ岩の下に、高さ１００メートルほどの断崖絶壁にある本殿の屋根。今にも屋根を押しつぶしそうだ。この場に岩や社が存在すること自体、まるで奇跡のような光景なのだ。ここが熊野三山（熊野本宮大社、熊野速玉大社、熊野那智大社）に祀られる神が降臨したという磐座《いわくら》である。古くから修験者の行場としても栄えたことがうなずける。強力な生命力は、新たな自分を発見させてくれ、勝負強さと出世運が上昇すること間違いなし。

天磐盾『神倉《かみくら》神社』へ行きたい！

〈住所〉　〒647―0044　和歌山県新宮市神倉1―13―8
〈電話番号〉　0735―22―2533
〈こんなパワーを授けてくれる〉　なんて自分はちっぽけなことで迷っているのかと吹っ切らせてくれる。まだまだこんなことで悩んでいるとは、「甘い甘い」と自分で自分に言い聞かせたくなる。重圧感から解放されたいときもいい。どこの神社でもそうだが、特にこの神社では参拝する前の御手水の手や口の洗い方を間違えず、しっかりとするべき。

『古事記』では東征開始前に亡くなったとされるイナヒ（稲飯命）とミケイリノ（三毛入野命）の兄たちだが、『書紀』では兄弟みんなで大和を目指した。天磐盾に登った後、再び海に出て熊野の荒坂の津、丹敷浦《にしき》あたりで、二人は暴風に翻弄され亡くなるという筋書きになっている。

新宮（和歌山）に荒坂津神社があるが、二人の遭難場所とされるのはそこから車で

10

ルート変更！　初代天皇はどの道を歩いたか？

1時間ほど伊勢方向に向かった二木島《にぎしま》周辺である。ここ二木島は、熊野國（牟婁＝むろ）と伊勢國（阿古＝あこ）の境にある高さ80メートル、周囲550メートルに及ぶ熊野酸性岩（花崗斑岩）の岩壁、盾ヶ崎が熊野灘に突き出した絶景地でもある。この迫力にも思わず息をのむ。無数の岩柱が連なったようにみえる柱状節理が、みごとな眺めを生んでいるのだ。

もしも岩壁の下の湾にでも暴風雨で入ってしまったら、船はひとたまりもないだろう。木の葉のように無残に揺すぶられ、終《しま》いには難破したことは想像に難くない。漂着したイナヒの死体は室古神社に祀られ、遺骸は見つからなかったがミケイリノは阿《あ》古師《こし》神社に祀った。イナヒは、むろ＝牟婁＝熊野側に、ミケイリノは、あこ＝阿古＝伊勢側にと二木島湾をはさんでひっそりと眠っているのだ。ここには伊勢大神と熊野大神が出会った場所という伝説もある。ここここそが熊野、橿原へと続く上陸地だったともされる。

兄たちを失ったイワレビコは、息子のタギシミミと軍を立て直し、まずは熊野荒坂津（丹敷浦）で丹敷戸畔《にしきとべ》を滅ぼした。丹敷の女王だ。〝丹〟は鉱石から採取される朱のことで鉱石の産する場所、つまり水銀朱を掘っていた人々に与えられる名前だ。

11 毒の正体は水銀だった!?

紀之國の一宮とされるのが、奈良県伊都郡かつらぎ町にある世界文化遺産にも登録されている丹生都比売《にうつひめ》神社だ。この神社の由緒には、「神武東遷は紀伊の名草戸畔を討ってから紀伊水道を南下しているが、地元では紀ノ川をさかのぼり、吉野川の下流に出たと伝わる」とある。と、なれば丹生都比売こそが丹敷の女王だったと思われるのだ。女王軍を倒したこの時点で水銀朱の権利を天皇軍が手にしたという解釈が成り立つ。水銀朱とは、縄文以来の赤の顔料で鳥居やお寺の什器など、いわゆる「朱塗り」の正体で日本文化に重要な役割を果たしてゆく。水銀朱で磨いた銅製品などの輝きも目を見張る美しさだ。おそらく水銀朱の権利は生活の安定につながったのだ。

上陸シーンで天皇軍は悪神が吐いた毒気に当たり、兵士は倒れてしまうが、これはひょっとして丹敷戸畔に関係していたのではと思えてくる。水銀朱の権利を奪った天皇軍に「どうせすべてを失うのなら刺し違えだ」とばかり、丹敷の女王は危険を冒して毒気をまき散らした。この毒気こそ水銀だったのではないか?

水銀朱は水俣《みなまた》病などを起こしたメチル水銀とは別ものだが、燃焼によって蒸発した場合に毒害を起こす。当然、丹敷側は毒性を知っていた。権利を失い殺されるだけならイチかバチかと水銀を燃やした。自分たちの命にもかかわることになるが逃げ出すことは可能だ。イワレビコたちは、思ったとおり毒気に当てられ倒れ出したのである。

水銀中毒で天皇軍を蹴散らす? 丹敷戸畔本拠地?『丹生都比売《にうつひめ》神社』へ行きたい!

〈住所〉 〒649-7141 和歌山県伊都郡かつらぎ町上天野230
〈電話番号〉 0736-26-0102
〈こんなパワーを授けてくれる〉 手に職をつけたい、起業してみたい人、特に女性に力を与えてくれる。イチかバチかの賭けに出るとき、後押ししてくれる。

さあ天皇たちが毒で気絶しているところへ助けにきたのが、熊野のタカクラジだ。前出の天磐盾、神倉神社に祀られている神である。

タカクラジは宝物や米などを貯蔵する倉を管理し天神に仕えたため、この名がついた。そのタカクラジが、何の前触れもなく夢を見たという。それはアマテラスがタケミカヅチに向かって語っている様子だった。「葦原中国《あしはらのなかつくに》はいまだひどく乱れているようだ。そなたが再び赴いて征伐せよ」。

タケミカヅチの神は、茨城・鹿島神宮の祭神だ。オオクニヌシから国譲りを実行した「戦闘神」である。その〝戦いの神〟を地上に下ろして、天皇家の危機を救いなさい！　と言われたということだ。ところがタケミカヅチは、「私がわざわざその地に参らずとも、かつて使った自分の剣を授ければ、国はおのずと平らぐでしょう」と答え、タカクラジの夢の中で「私の剣の名は韴霊《ふつのみたま》（布都御魂《ふつのみたま》）という。これを今お前の倉の中に置く。それを取って天孫に献上せよ」と進言した。タカクラジが「承知いたしました」と答えたところで目が覚めた。

果たして倉の戸を開けると、夢のお告げどおりに刀が倉の敷板に突き刺さっていた。

11
毒の正体は水銀だった!?

そこでこれを取りこの場に参上し、献上するとたちまちみな毒気から目を覚ましたというわけだ。韴霊剣《ふつみたまのつるぎ》には、魔物をぷっつりと断ち切る霊験がやどる。韴霊剣《ふつみたまのつるぎ》は『古事記』には、「今は石上《いそのかみ》神宮に大切に祀られてある」とされる。今と言っても、それが1300年以上前の〝今〟ではあるが……。

石上神宮は日本最古設立の神宮として、現在も奈良県天理市に建てられている。石上神宮の主祭神は、まさに〝今〟も、この剣に宿る神霊とされる布都御魂大神《ふつのみたまのおおかみ》だ。

タカクラジから神武天皇の元に渡ったこの剣は、その後は宮中で祀るが第10代天皇とされる崇神天皇の時代の7年、紀元前の91年に勅命によって現在地に遷され、石上大神とされた。

アマテラスの弟、スサノヲがヤマタノオロチを斬ったときの剣を「十握剣《とつかのつるぎ》」というが、これは岡山県赤磐市にある石上布都魂《いそのかみふつみたま》神社に納められ、後に石上神宮へ遷されたともされる。石上布都魂神社では、明治以前まではその「十握剣《とつかのつるぎ》」自体を「布都御魂剣」とよんでいた。

明治7（1874）年、剣が埋葬されたと伝えられている石上神宮の拝殿奥の禁足地で発掘作業を行なったところ、全長85センチメートルの鉄剣、素環頭大刀《そかんとうたち》なるものが出土した。これを「布都御霊の剣」として本殿を建てて祀ったが、明治11（1878）年にはさらに全長102センチメートルの大刀が見つかったのである。これは拳を十、並べたほどの長さまさに「十拳剣（十握剣）」だったためこちらのほうこそ、布都御霊大神のご神体だったのではとされる。こうして発見に次ぐ発見によって、神話はおとぎ話の域をどんどん超えていくのだ。

皇家を助けた韴霊剣(布都御霊剣)が祀られる『石上神宮《いそのかみじんぐう》』へ行きたい!

〈住所〉　〒632−0014 奈良県天理市布留町384

〈電話番号〉　0743−62−0900

〈こんなパワーを授けてくれる〉　歴史の長さを感じると同時に、「自分はまだまだ」だと前進意欲が湧いてくる。またこの人と付き合っていていいことがない！この仕事が思ったものと違う、などというときに参ると、本当にそれらが自分にとって不必要なら、ばさっと何かに切り落とされるように突然縁が切れる。それでも付き合いや仕事が続くようになる場合は、あなた自身の努力が足りないという答えになる。神社内で鶏を見つけたら、その写真を撮るとパワーアップ。

≫はじめに剣が納められた『石上布都魂神社《いそのかみふつみたま》』へ行きたい！

〈住所〉　〒701－2445 岡山県赤磐市石上1448
〈電話番号〉　0867－24－2179
〈こんなパワーを授けてくれる〉　仕事、家庭、恋人を含め縁切りの力が強い。石上神宮より荒々しい答えが出ることがある。力が強い神社だけに生半可な気持ちで拝さないように！

剣が石上神宮の神域から出土したことで、毒を盛った相手をタカクラジは征伐して天皇一家の命を救ったということが判明したが、さて剣で水銀中毒を救えたのか？

現実的に水銀を体から排出させるために、最も必要な栄養素は硫黄だという。硫黄が多く含まれている食品にはネギやタマネギ、ニンニクなどがあるが、〝葱《ねぎ》〟、〝玉葱《たまねぎ》〟、〝忍辱《にんにく》〟とみな、〝刃〟の字が入っているというのは偶然か？

師霊、布都御魂は佐士布都神《さじふつ》や甕布都神《みかふつ》といった別名でも記される。「ふつ」は断ち切るということだが、「佐士」の佐は〝助ける〟という意味を持つ。さらに〝士〟

11

毒の正体は水銀だった!?

には立派な、徳の高い青年男子のことであり、そこからこの字で〝サムライ〟とも読むようになった。「徳の高い男を助ける」というのが「佐士」だということになる。これは納得だ! 今ひとつ「甕」という字が使われているのも気になる。これで「みか」と読むが、「み」は接頭語あるいは水のことで、「か」は飲食物を盛る器のこと。昔、主に酒や薬を保管するために用いた大きな甕《かめ》を「みか」とよんでいた。

酒? 薬? 水銀朱の毒を断ち切り、けがを治す薬が入った甕を持っていたのが、タカクラジ? まあ、危機を迎えたイワレビコたちを救えるほどの〝剣の達人〟をタカクラジ軍が擁していたというのが最も常識的な解釈ではあるが、いずれにせよタカクラジの力添えで命拾いした天皇軍は元気を回復し、吉野から奈良盆地へと向かってゆくのである。

この部分を『記紀』では、「イワレビコは熊野で死の縁から甦《よみがえ》った」と書いている。そこから古代の大和朝廷の人々は、熊野には強い霊力を持つ神々が存在すると信じるようになった。これが信仰に結び付き、平安時代末から熊野三社の信仰が繁栄、本格化するのである。そんな三社の中、133メートルの絶壁を一気に落下する那智の滝

高さ・水量とも日本一の那智の滝

がある和歌山県東牟婁郡那智勝浦の熊野那智大社だ。銚子口の幅13メートル、滝壺の深さ10メートル、平時の水量が毎秒約1トンと言われている落差日本一の大滝は、迫力満点である。まるで今まで知らず知らずに犯してきた罪汚れを一瞬にしてすべて洗い落としてくれるような、新しい一歩を勢いよく後ろから押し出してくれるような神聖さを感じさせてくれる滝だ。

ここのパワーは、自分を甦らせてくれる。イワレビコもまた、当てられた毒をこの飛沫《しぶき》が吹き飛ばしてくれたのかもしれない。まさに甦り（黄泉返《よみがえ》り）の場所なのである。

この神社によれば、実は、神武天皇が上陸した場所は那智の海岸だったとされる。海岸から那智の山に光り輝くものを見たイワレビコは「あれは何なのだろう？」と思

11

毒の正体は水銀だった!?

ってその正体を探りに山に入った。その光り輝くものこそが滝であり、それを間近にして、その迫力に〝神〟を感じ祀ったというのである。

いや、それ以前からこの滝は民から神と崇められてはいただろうが、そこから〝国造りの神〟、オオクニの別名、オオナムチ（大己貴命《おおなむちのみこと》）を祀るようになりさらにその後、神仏混淆の時期になると、オオクニは千手観音の化身とされ、滝自体を飛瀧権現《ひろうごんげん》とよんだ。

今はここを熊野那智大社、別宮飛瀧神社という。第16代の仁徳《にんとく》天皇の時代（西暦313年〜400年）に滝を別宮として、新たに標高500メートルの高台に那智大社を造営した。

熊野那智大社は平成16（2004）年に「紀伊山地の霊場と参詣道」のひとつとして、世界文化遺産に登録されたが、豪華な権現造りの社殿は熊野不須美大神《ふすみのおおかみ》が主祭神とされている。この不須美大神というのがイザナミの大神。アマテラスやスサノヲ、ツクヨミの母親の別名である。ところがその大社に隣接しているのはお寺なのだ。西国三十三所の第一番札所として知られる那智山青岸渡寺の本堂は重要文化財にも指定

熊野那智大社隣の青岸渡寺の三重の塔、滝も見える

されているが、今の時代、ここまで神社と寺院が密接な関係を保って隣り合って建っているのが不思議なほどに、神仏混淆の名残りが息づいている。御本尊の如意輪観世音菩薩に手を合わせる。本堂後方には朱色の三重の塔、そして那智の滝。原生林を一望できるスポットが美しい。

　大社の境内にはイワレビコ一行が大和へと山を越えたとき、道案内として遣わされたという八咫烏《やたがらす》が役目を終えここに戻り石になったという〝烏石《からすいし》〟が残されている。

≫過去を洗い流し再出発！　こここそ上陸地では？
『熊《くま》野《の》那《な》智《ち》大《たい》社《しゃ》』へ行きたい！

〈住所〉　〒649−5301 和歌山県東牟婁郡那智勝浦町那智山1
〈電話番号〉　0735−55−0321
〈こんなパワーを授けてくれる〉　どんな悩みやお願いをしても努力もせず、文句ばかりじゃ答えは出やしない。自分のどこが悪いのか……を教えてくれる。那智の滝の前に立って、自分の悪かったことを洗い落としてもらおう。そこから階段を上っていくのである。

12　八《や》咫《た》烏《がらす》に導かれる……カラスの正体を探れ！

イワレビコの軍勢は再び行軍を開始しようと試みたが、山道が険しくて進んで行く道さえない。そんなある夜、天皇の夢にアマテラス大神が現れた。「私は今、天から一行の先導役として八咫烏を遣わすので、烏の案内に従って進むがいい」。『古事記』では、アマテラスとともに夢の中で高木神《たかぎのかみ》が話している。高木神はタカミムスビ（高御産巣日神《たかみむすびのかみ》）の神と同一という。

タカミムスビは造化三神としてミナカヌシ（天之御中主神《あめのみなかぬしのかみ》）に次ぎ、この世で2番目に誕生した神だからアマテラスが最高神ならその前に誕生しているタカミムスビは最高司令神とでもいおうか。その名のとおり「結びの神」だ。結びとは結婚などだけではなく、人と人との出会い、仕事との出会い、職場の人との出会い、学校であれば先生や友人との出会いもあるし、病気などの場合は病院や担当医との出会いなどな
ど、すべてを指す。

アマテラスと高木神がイワレビコに遣わした案内役として登場するのが三本足を持つ八咫烏である。JFA財団法人日本サッカー協会のシンボルマークとしてもなじみ深い。

奈良県宇陀市に建つ八咫烏神社を訪ねたとき、境内に八咫烏がサッカーをしている

像が奉納されていた。熊野本宮大社には黒い八咫烏のポストがある。しかしカラスが道案内をするというのでは、やはりおとぎ話のようだ。これも誰かが八咫烏よろしく先導したということにならなければいけないだろう。さあ、ここも謎解きだ。

この八咫烏神社の御祭神こそが、八咫烏の正体ではないか？　ここの祭神は、山城の賀茂氏の祖先とされるタケツヌミ（賀茂建角身命《かものたけつぬみのみこと》）という。タケツヌミはこの地の豪族で全身に黒い布をまとって木から木へと飛び移って神武天皇を先導したという伝承がある。その姿は、あたかも八尺もあるカラスのようだったので「八咫烏」と呼ばれていたという。つまり忍者のような人だったのか。木から木へと飛び移るがごとく、俊敏な動きをする人だったのだろうか。えっ？木から木？

八咫烏神社にあるサッカーをする八咫烏像

なんと平安時代初期の弘仁6（815）年に編纂の古代氏族名鑑『新撰姓氏録《しんせんしょうじろく》』には、

賀茂のタケツヌミは、タカミムスビの子孫と書いてある。タカミムスビは高木神であるから、木から木へ……はぴったりなのだ。この部分からタカミムスビは急に高木神と名を変えている。これは賀茂氏とのつながりを、しっかりと知らせるためだったのかもしれない。

この神社にはタケツヌミの墓とされる古墳も残されている。

≫先導する八咫烏の正体は？『八咫烏《やたがらす》神社』へ行きたい！

〈住所〉〒633−0234 奈良県宇陀市榛原高塚42

〈こんなパワーを授けてくれる〉リーダーシップ、社長や部長、課長、先生たちのあるべき姿を知らせてくれる。自分の努力不足、パワー不足、運不足の場合はいい方向に事は運ばない。そのための、明確な答えが見えてくる。もちろんサッカーチーム、サッカー少年たちにもご利益あり。

八咫烏ことタケツヌミは道案内の功績によって、葛野《かどの》（京都府南部）を賜り賀茂（鴨）の県主《あがたぬし》となった。賀茂別雷《かもわけいかづち》神社（上賀茂神社）、賀茂御祖《かもみおや》神社（下鴨神社）

という有名な神社を司ることになる賀茂氏の先祖なのである。

京都市左京区に建つユネスコ世界遺産「古都京都の文化財」のひとつに登録される下鴨神社の西本殿にタケツヌミが祀られる。そして東本殿はタマヨリ姫。タマヨリ姫といえば神武天皇の母親ではなかったか？　タマヨリ姫の謎はもう少しあとにして、まずは上賀茂神社、下鴨神社のパワーをここでちょっと！

上賀茂神社の細殿

上賀茂神社の二の鳥居をくぐってすぐ正面に、重要文化財指定の細殿《ほそどの》がある。これは天皇や上皇が社殿参拝前に装束を整えるための御殿だが、この細殿の前にあるのが、円錐型に整えられた一対の盛り砂、立砂《たてずな》と呼ばれるもの。ここは「清めの砂」とされ、今まで犯してきた罪を祓《はら》ってくれる。

神社最大のパワースポット・岩上

いや、「私は法に触れることは今までしたことありません」と思っている人がほとんどだろう。清めとか禊《みそ》ぎ、祓いなどはそういった意味だけではない。人から頼まれごとをされて「時間ないのに面倒だな」と思ったり「人がいないから黄信号だけど渡っちゃおう」とか「疲れちゃったから、明日やればいいか」……なんていうのは、誰もが経験済みだろう。これはみな罪汚れなのだ。嫉妬やひいきもそうなのである。

実は自分では気づかぬうちに、たとえば悪人（悪心を持っている人も含めて）とすれ違っただけでも罪汚れを被るのだ。これでは自分がいつ罪びとになっているかの判断もつかない。だからいつも清める必要がある。この砂は、清めの砂として知られるのである。家に持ち帰るために分けてもくれるので是非！

さらに本殿へと通じる楼門の向かいに「片岡社」がある。紫式部もお参りしたと伝わる縁結びの神を祀る歴史ある社だが、その近くに一見、岩と草木があるだけの場所がある。注連縄《しめなわ》で結界は張られているが、ほとんどの参拝客はここを素通りしてしまう。惜しい！ ここが岩上《がんじょう》とよばれるこの神社最大のパワースポットなのだ。祀祭神が天降りされた秀峰神山とともに賀茂信仰の原点の場所であり、古代祭祀の形を今に伝えてくれる。神と人との心がふれ合える「氣」の集まる所こそがここなのだ。

世界遺産『賀茂別雷《かもわけいかづち》神社（上賀茂神社）』へ行きたい！

〈住所〉 〒603－8047 京都府京都市北区上賀茂本山339
〈電話番号〉 075－702－6618
〈こんなパワーを授けてくれる〉 今までの自分の歩いてきた道をリセットしてくれる。起きてしまったことは仕方がない、それを受け入れながら今後歩いていくべき本当の道を教えてくれる。

手鏡の形をしている河合神社の鏡絵馬

上賀茂神社に続いて下鴨神社。境内を覆う緑豊かな「糺《ただす》の森」には小川が流れ、歩くだけでも運が上ってゆくのが分かる。本殿の周囲には「子丑寅卯……」と干支《えと》で分けられた社が並ぶが、ここで「丑《うし》年生まれならば丑の社」「戌《いぬ》年生まれならば戌の社」というように自ら生まれた干支の社で今後の運気上昇を願おう。

さらに境内でおすすめが河合《かわい》神社。ここは女性が美しくなりたいという、いわゆる「美顔・エステの神」なのだ。もちろん心身ともに……。美しい心と顔だけではなく縁結び、安産にも神威がある。ここは絵馬に描かれている顔を自分の顔に見立て、自分自身で化粧品やクレヨン、鉛筆で化粧して奉納する「鏡《かがみ》絵馬《えま》」が人気だ。さらに男性には八咫烏が祀られている任部社《とべしゃ》をおすすめしたい。

美しくなりたい人のための『賀茂御祖《かもみおや》神社（下鴨神社）』へ行きたい！

〈住所〉〒606－0807 京都府京都市左京区下鴨泉川町59
〈電話番号〉075－781－0010
〈こんなパワーを授けてくれる〉心身ともに美しくありたい……と思っている女性は河合神社をすすめるが、何はともあれ本殿にお参りしてから境内社を拝むようにしたい。これはどの神社でも同じだ。しかし本殿参拝前に「祓の社」や「導きの猿田彦《さるたひこ》社」などがあるときはそこから。

さて、〝美の神〟河合神社の主祭神でもあるタマヨリ姫の話に戻す。タマヨリ姫の「タマ」というのは神霊を指し、「ヨリ」は依《よ》りつくといういう意味だから、一般に神と結ばれる巫女的存在の女性たち一般のことを「タマヨリ＝霊依」と言う。だからたくさん『記紀』には、別々のタマヨリ様が登場するのだ。

初代天皇の母の名だけではなく、この後に出てくる十代天皇・崇神天皇の『古事記』の件《くだり》で、三輪山のオオモノヌシと結婚する相手もタマヨリ姫という名前だ。『山城国風土記』では、ここ下鴨神社のタマヨリ姫は、タケツヌミの娘としている。

タケツヌミの娘のタマヨリ姫の話はこんな具合。

石川の瀬見の小川（鴨川）で遊んでいたところ、川上から丹塗矢《にぬりや》が流れてきた。姫はその矢を取り、家の持ち帰り床にさし置くと妊娠して子を産んだ。この子の名をワケイカヅチ（雷命賀茂別《わけいかづちのみこと》）とする。イカヅチとは雷のことである。矢を持って帰っただけで孕《はら》んでしまっては大変だから、これも何かにたとえられているはず。ワケイカヅチの父親は誰なのだ？　姫は誰の矢に刺されて（?）、子供を身籠ったというのだろうか？　ヒントはないか？　あった！

『山城国風土記』の中に、「それは乙訓《おとくに》社の火雷神である」というのが出てくるのである。乙訓社という名の神社は現存しない。しかし『延喜式神名帳』に乙訓坐大雷神社という名が見える。これは平安時代、「雨乞いの神」とされてきた神社だ。雷にはもってこいである。

雨が降らなければ稲や作物は育たない。だから雷神は「水の神」とされる一方、

12

八咫烏に導かれる……カラスの正体を探れ！

「農耕の神」としても崇められてきた。乙訓社は現在の京都府長岡京市にある角宮《すみのみや》神社、また向日《むこう》神社下社（京都府向日市）とされるが、火雷神の正体がつかめない。

ところがこのタマヨリ姫の結婚の様子が、祭りとして残されている場所があるという。そこに手がかりはないだろうか？

その祭りは、延暦《えんりゃく》10（791）年に桓武《かんむ》天皇が2基の神輿を寄進されて以来1200年以上も続く日吉社の山王祭が、それなのである。その祭りなら有名だ！

滋賀県大津市に鎮座する日吉社は、古くから「ひえ」とよばれ全国380余りある日吉神社、日枝神社、山王神社の総本宮である。西本宮と東本宮があるが、西本宮の祭神はオオナムチ、東本宮はオオヤマクイ（大山咋命《おおやまくいのみこと》）とされる。どちらかが父親である可能性が出てきた。いや、さらにここには本宮以外に牛尾宮、樹下宮、三宮宮、宇佐宮、白山宮の5つの摂社もあるのだ。ここに父親が隠れてはいないか？

それぞれの祭神は、牛尾宮にオオヤマクイの荒魂《あらみたま》、樹下宮にはタマヨリ姫、三宮宮にはタマヨリの荒魂が祀られている。

神は2つの霊魂を持つ。荒々しい側面、荒ぶる魂のことを〝荒魂〟と言う。必ず叶えてもらいたいという望みを真剣に願うときには、荒魂が祀られる社に出向くようにするといいのだ。強いパワーを発するから、生半可な願いや中途半端な気持ちで手を合わせてはならない。これに対し、神の優しさ平和的な側面を和魂《にぎたま》というのである。

残りの宇佐宮は田心姫《たごりひめ》、白山宮には菊理《きくり》姫と、共に女性の神が祀られているから、タマヨリの父親からは除外だ。さらにオオナムチの荒魂の社がない。荒魂と和魂の2つの社があるのは、タマヨリとオオヤマクイなのである。

日吉大社の猿

7基の神輿（1基約1500キロ）が桜満開の中、勇壮に練り歩く。昔はこの神社の使いとされる猿の意味合いから、4月中の申《さる》の日に行なわれていたが、現在は毎年4月14日と決まっている。12日夜の午《うま》の神事が、結婚を再現しているというのだ。

奥宮の神輿にタマヨリ姫が遷り、東本宮へと渡る。東本宮といえば、オオヤマクイが待つ場所だ。そして翌日の13日には宵宮落《よいみやおとし》神事、なんとこれはタマヨリの出産儀式を模している。大政所《おおまんどころ》と呼ばれる場所に神輿4基（オオヤマクイとタマヨリ、さらに各々の荒魂）を並べ、神輿を勇壮に揺さぶり始める。大きな音が周囲に響き渡る。これは陣痛を表わすものといわれ、やがて結びの祝詞《のりと》を奏上すると4基の神輿は一斉に1メートル以上ある高さから地面に落とされる。この瞬間にワケイカヅチが誕生したとされる神事なのだ。

つまり姫を身籠らせた父親は、オオヤマクイということになる。

オオヤマクイの名前の「クイ」は杭。大山に杭を打つ、つまり大きな山の所有者を意味している。山の地主で農耕、治水を司っていたという人物だったと考えられる。比叡山《ひえいざん》の地主神こそオオヤマクイなのだ。

≫タマヨリ姫を矢で妊娠させた父を祀る『日《ひ》吉《よし》大《たい》社《しゃ》』へ行きたい！

〈住所〉　〒520−0113　滋賀県大津市坂本5−1−1

〈電話番号〉　077−578−0099

〈こんなパワーを授けてくれる〉　縁結び、結婚、安産などの守り神として有名。一方で勝運もつく。神の使いの神猿（まさる）もしっかりと目に焼き付けたい。魔が去るとも勝つ力を与えるともいえる。さらに七社参りによって方除け、厄除け、厄払い、家内安全、商売繁盛、子宝といったご利益も。つづら折りの山道を20分ほど歩いた奥宮では新たな自分を出発させる力を与えてくれる。

13 天皇たちに出会った人々

さてタケツヌミこと八咫烏は、山を踏み分け道を開いて、イワレビコ一行を先導した。ここから大和に入る動き方や出会った神の登場の部分は『記紀』によって異なるが、ナガスネ彦との対決あたりまでは、『古事記』に従って、足早に記述していく。

吉野川（現・熊野川）をしばらく進むと、川の中で漁をしている者に出会った。イワレビコが「誰か？」と訊ねると「名をニエモツ（贄持之子《にえもつのこ》）と言い、神に供える魚や鳥を捕る仕事をしています」と答えた。ニエモツは「阿陀《あだ》の鵜養《うかい》の祖」と記している。阿陀といえば阿多（吾田）、日向に置いてきた妻のアヒラ、曾祖母《ひいおばあちゃん》のサクヤも阿多の出だ。親戚ともいうべき同族を訪ね食料の支援を受けたのだろう。吉野川は古くから南方漁法の鵜飼が行なわれた地域であり、薩摩の阿多から移住者が魚法を持ち込んだ。ここの阿陀比売神社は、安産と男女産み分けに効くという。

さらに山中を進むと尾の生えた人が井戸の中から出てきた。尋ねると、「自分はイ

「さらに山に入るとまた尾の生えた人が岩を押し分けて出てきた。名をイワオシ（石押分之子《いわおしぬくのこ》）といった。イヒカは吉野周辺の氏族である吉野首《よしののおびと》らの祖先とみられ、防寒具として登山、伐木などの山仕事や狩猟の際に用いる、尾の付いた動物の毛皮はこの地方に風習としてその後も伝わった。だからこそ尾の生えた人が出てきたと書かれたのであろう。光る井戸とは、生活に必要な水を持っていたという意味だろう。その名のままに、井光神社が残っている。「井光」とかいて「いかり」とよむ。「井氷鹿の井戸」の標識や「御船の滝」という美しい滝もある。

岩から出てきたイワオシが祭神という神社も残る。吉野町の大蔵《おおくら》神社である。150メートルほどの斜面に高さ10メートルを超える巨岩があり、ここがイワオシの住居跡という伝承があるのだ。イワオシはのちの吉野の氏族、国栖《くず》の祖とされるが、国栖は宮中での節会《せちえ》、すなわち天皇が諸臣に酒食を賜る儀式の際、酒のほか鮎や栗などの贄《にえ》を献じそこで笛を吹き、口鼓を打ちながら歌舞を奏したという。吉野の南国栖にある浄見原《きよみはら》神社では、今も旧暦1月14日に歌舞が奉納されている。

男女産み分けにご利益！『阿陀比売《あだひめ》神社』へ行きたい！

〈住所〉　〒637－0028 奈良県五條市原町24

〈こんなパワーを授けてくれる〉　安産の神としても古くから信仰されてきたが、ここは男女産み分けを聞いてくれる。男の子の誕生を願う場合は白い鈴の緒、女の子の誕生を願うときには赤い鈴の緒を授け、妊婦は腹帯にするといい。その後妊婦が無事出産すると返礼に新しい鈴の緒を神社に奉納する習わしがある。

尾がある人、イヒカを祀る『井光《いひかり》神社』へ行きたい！

〈住所〉　〒639－3623 奈良県吉野郡川上村井光34

〈電話番号〉　0747－52－2079

〈こんなパワーを授けてくれる〉　井光は生きることに欠かせない水が光るという意味。御船の滝を訪れて、その水と光のパワーをいただこう。人生の苦難から這い上がろうとしている人たちは、ここの自然あふれる何物にも汚されていない空気にふれることで、再出発できる。

国栖のイワオシに関する『大蔵《おおくら》神社』と『浄見原《きよみはら》神社』へ行きたい！

〈住所〉（浄見原）〒639－3435 奈良県吉野郡吉野町南国栖1
〈電話番号〉 0746－32－3081
〈こんなパワーを授けてくれる〉 いずれも自然あふれる中にあるが、大蔵神社は住居跡とされることから、生きる基本を整える力、浄見原神社は目標に向かって生活するため、本業のほかにアルバイトなどで生活する人たちに希望と活路を与えてくれる。芸術向上の力あり。

さて一行は八咫烏とこうした人々の先導により、山を越えて宇陀（菟田《うだ》）（奈良県宇陀市）へと到着する。菟田にはエウカシ（兄猾《えうかし》）とオトウカシ（弟猾《おとうかし》）という首領の兄弟がいたが、兄は矢を射て追い返した。味方の軍が集まらなかったため、「仕えることにしよう」と天皇側に伝えて新宮を作った。しかし、そこに押《おし》機という、一歩室内に入ると屋根が押しつぶれる仕掛けをして、御子を饗宴に招き殺害を企てたのである。ところがイワレビコを迎えに行った弟は、兄の計画を天皇側に先に教えた。使者たちは兄に「建物に先に入ってみろ」と、体に剣と弓を突き付けた。言い逃れできぬまま兄は自分の作った罠で圧死してしまうのだ。屍を引き出して切りつけると、流れる血は踝《くるぶし》まで届いたため、ここを菟田の血原と名付けたという。

エウカシが退治された場所に宇賀神社が残る。ここの神社の祭神は、死んだ兄のエウカシの御霊《みたま》である。死後ここの民たちがここに祀った。

実はこの地も水銀朱の産地である。エウカシも、民のためにそれを簡単に手離すわけにはいかなかったのかもしれない。

》神武天皇殺害を企てたエウカシが退治された『宇賀《うが》神社』へ行きたい！

〈住所〉〒633－2223 奈良県宇陀市菟田野宇賀志1096
〈電話番号〉0746－44－0333
〈こんなパワーを授けてくれる〉「何ごとも死んだ気でやれ！」という言葉を最近聞かなくなったが、トップを目指したいならここで気持ちを改めてエンジンをかけ直そう。死ぬ気で頑張る人たちを応援してくれる。

吉野を制圧したイワレビコたちは、高倉山の頂に登りあたりを見渡しながら今後の策を考えていた。高倉山登山口に鳥居がある。そのまま10分ほど上ってゆく山頂には、神武天皇顕彰碑が立っている。そこに建つのが高角《たかつの》神社。ここらあたりで敵を視察したということになるのか。木が鬱蒼と生い茂り、国中を見渡すには不都合だが、その時代はここからまだ、眼前の様子を垣間見ることができたということだろうか。
いやいやこの場所に後々、高倉神社が遷されたという伝承があるのだ。実際の高倉

13
天皇たちに出会った人々

山は、現在の高倉神社がある場所と同じ宇陀市大宇陀区ではあるが、城山といわれている山上なのだという。実はこの山も昔は高倉山とよばれていた。さらにはじめは、そこに高倉神社が存在していたと伝えられている。この山なら天皇が見たと記されている場所、敵の配置を今でも一望することが可能である。

国見丘《くにみのおか》にはヤソタケル（八十梟帥《やそたける》）が軍陣を構えているのがイワレビコには見えた。国見丘は宇陀市と桜井市の境に立つ経《きょう》ヶ《が》塚山《つかやま》あたりだろう。ヤソタケルとはたくさんの勇猛な者たちのこと。ここにはヤソタケルに加え、ニギハヤヒも参上していた。女坂《めさか》には女軍《めいくさ》、男坂には男軍《おいくさ》が配置していた。

女坂は緩やかな坂で女軍は力の弱い軍隊ということになろうから、男のほうは急な坂、屈強な軍隊たちとなる。墨坂《すみさか》（宇陀市榛原町西峠の坂）では赤々と炭が燃やされている。このあたりの首領、エシキ（兄磯城《えしき》）軍が磐余邑《いわれのむら》（桜井市中西部から橿原市東部にかけての地）一帯にあふれていた。道は絶え塞がれ、このままでは一歩も前に進むことができない。忌々《いまいま》しく思っていたイワレビコの夢に、タカミムスビが現れた。

「天香山《あまのかぐやま》の社の中の土で神聖な皿、天平瓮《あまのひらか》を八十枚作り、御神酒《おみき》を入れる瓶《びん》である厳瓮《いつへ》を作って天神地祇《てんしんちぎ》を祀り敬いなさい。そうすれば敵は自然に降伏し従うでしょう」。

「天神地祇」とは天地関係なく神という神すべてという意味になる。

イワレビコもそれに従い大業を心から祈ったが、圧死したエウカシの弟、オトウカシも同じような夢を見たとイワレビコに進言した。「天香山の埴土で皿を作り、天《あまつ》社《やしろ》国社《くにつやしろ》の神を祀ったあと、討伐すると平定するでしょう」。

そこで早速、オトウカシと水先案内もつとめたシイネツ彦の二人に天香山行きを命じたのだ。天香山は、高天原にある山とされるが、実は橿原（奈良）にある標高152メートルの大和三山のひとつの山も香具山という。この山の神、天香山命とは熊野の毒事件のときに天皇たちを救出した尾張氏の始祖、タカクラジのことなのである。

つまり敵の背後となる天香山に「陣を張ってほしい」と二人はタカクラジに、援軍要請しにいったということだと推察できる。無事に約束を交わし、シイネツ彦とオトウカシは土を手にして、神武の元に戻ってゆく。土とは土兵、土俗とよばれる土着の人々のことだろうか。彼ら援軍を手にしたことを「土を手にした」と言っているのではないか。土蜘蛛というのもある。これは天皇軍に従わない族をさす。それらを従えることができたという意味にもとれる。

丹生川の上流で天神地祇を祀り戦勝を占った地と書かれている場所は、位置的に見るとおそらく吉野郡東吉野村に現存する丹生川上神社《にうかわかみ》中社だろう。ここは水の神様、ミズハ（罔象女神《みずはのめのかみ》）を祀っている。雨乞いだけではなく、反対に雨止めにも効く神だ。

そこで神武天皇はまず榊を立て、諸神を祀った。榊とはタカミムスビ、高木神のことである。このときから祭儀には神酒をはじめとする神饌《しんせん》（贄《にえ》、神々のお食事のこと）を備えることになったのである。

天神地祇を祀り御神酒が始められた喜びの地
『丹《に》生《う》川《かわ》上《かみ》神社』へ行きたい！

〈住所〉〒633－2431 奈良県吉野郡東吉野村小968
〈電話番号〉0746－42－0032
〈こんなパワーを授けてくれる〉この神社は神事を司ることを始めた地。水の神ということも重なり、過去を清算して新しいものに向かってゆくときに多大な導きをくれる。心が落ち着き、さらに信心深くなる自分に出会える場所だ。

祈禱したとたん、イワレビコ勢は女坂、男坂、墨坂のヤソタケルたちを倒したのである。まさに神のご加護だ。墨が燃えていたとは〝いこり炭〟、つまり山焼きである。山焼きをして峠越えができないように陣を張っていたが、高倉山からすでに視察していたため菟《う》田《だ》野《の》川を堰き止め、一気に山火事を沈火させて突進し難関突破できたというのだ。さらに残っていた土蜘蛛たちを忍坂邑《おさかのむら》（桜井市忍坂）の大きな室《むろ》に招待し酒宴を開いた。しかしこれも天皇側のワナだった。宴たけなわ、そのとき歌が始まった。

〽武勇に秀でた組目の若者たちが、大刀を手に打ちのめしてしまおうぞ……。

歌い終わるやいなや仲間の兵たちは一気に土蜘蛛たちに刀を向けた。酒に酔い安心しきっていた土蜘蛛たちは不意を突かれ、ひとり残らず切り殺されたのである。

こうしてナガスネ彦との決戦のときが来た。思えば大坂の白肩津にたどり着いたとき、もしナガスネ彦との戦いに敗れていなければ、こんなにも長い時間を要してぐるりと熊野を回って、この地に戻ってこなくてもよかったはずだ。太陽を背にして攻撃する時期がやっと訪れたということだ。今こそ、兄イツセの敵討ちである。だが、ナガスネ軍団も負けてはいない。やはり手強《てごわ》い相手のままだった。幾度戦っても勝利は得られなかったのである。

そのとき、空が突然曇り出し雹《ひょう》が降り出した。そこに金色の鵄《とび》が飛んできてイワレビコの弓の上に留まったのである。鵄は稲妻のように光り輝いた。その光にナガスネたちの軍兵は目がくらみ、そのまま戦う気力を失ったという。

さて、この勝因を探る?!

14 金鵄《きんし》登場！ 金鵄の正体はやはり？

金鵄はたびたび道案内の八咫烏《やたがらす》と混同される。八咫烏はタケツヌミの化身だが、その力で建国をたすけ世の中を安定に導いたことから、その後に「金鵄・八咫烏」と同一化され、下鴨神社に祀られている。

しかし、実際は八咫烏と金鵄は別物と見るべきなのだ。確かにトビとカラスだから本来は別物だ。天皇即位の礼に掲げられた霊鵄形大錦旛《れいしけいだいきんばん》には、金色に輝く金鵄が刺繍されている。対として掲げられた頭八咫烏形大錦旛《やたがらすがただいきんばん》には八咫烏が描かれている。別々である証拠なのだ。では霊鳥として天皇軍を支え、宿敵のライバルだったナガスネ彦を倒す力を貸した金鵄は誰のことだったのだろうか？

金鵄のトビという鳥は、生物学上でいえばタカ目タカ科に属する。タカ（鷹）やワシ（鷲）も同じだ。だが、なんとタカもワシもトビも同じ鳥だと言うのである。ただ呼び方が違うだけなのである。その違いは体の大きさで決まるのだ。

14
金鵄登場！　金鵄の正体はやはり？

えっ？　単に大きければワシと呼んで、それよりも小さければタカでありトビだと言うのか？　そのとおりなのだ。にわとりとヒヨコみたいなものか？

「トビがタカを生む」という言葉があるが、親が違う種類のものを生むというのではなく、子供が親をはるかに超えるほど立派に成長する、大きくなるという意味だったのだ。と、なればワシやタカを祀っている神社に謎解きのカギがあるのではないか？

ズバリ！　大鷲《おおわし》神社というのがある。だがここの祭神はヤマトタケル（日本《やまと》武《たけるの》尊《みこと》）だ。タケルは12代天皇、景行《けいこう》天皇の皇子だから時代的に疑問がわく。

初代天皇が即位された奈良県生駒には熊鷹《くまたか》神社がある。京都伏見稲荷大社、本殿を拝して千本鳥居を過ぎ稲荷山への登山口に見えてくるところに熊鷹社がある。神仏混淆の香りを残し背後に谺《こだま》ヶ《が》池《いけ》（新池）が広がるパワーあふれる場所だ。ここの熊鷹大神ではないのか？　その正体は羽白熊鷹とある。

羽白熊鷹というのは、ヤマトタケルの子で14代の仲哀《ちゅうあい》天皇の皇后、神功《じんぐう》皇后によって殺されたというから、これも時代的には合わない。彼は卑弥呼《ひみこ》の邪馬台国《やまたいこく》を継いだ最後の王だとされるが飛躍しすぎ。

北九州の八幡には鷹羽を神紋とする鷹見神社が多く見られるが、ここはどうか？鷹羽の紋は福岡県田川の英彦山《ひこさん》神宮や熊本阿蘇神宮の神紋でもある。

英彦山の祭神はオシホミミ。つまりニニギの父親だ。ということはアマテラスの長男である。①イザナギ→②アマテラス→③オシホミミ→④ニニギ→⑤ホオリ→⑥アエズ→⑦イワレビコだから曽祖父《ひいおじいさん》の父親が金鵄の姿になって玄孫《やしゃご》を助けにきた？んん～!?

一方の阿蘇神社には、阿蘇十二明神という十二柱の神が祀られる。それが十二柱、すべて神武天皇に関係していたのだ。しかし、一宮に祀られるのは阿蘇都《あそつ》彦命《ひこのみこと》で二宮は一宮の妃。さらに三宮にはその妃の父・國龍神。國龍神は神武天皇の皇子・ヒコヤイ（日子八井命《ひこやいのみこと》）と同一人物だというから、阿蘇に嫁いだ二宮の姫は、神武天皇の孫ということになる。さらに國龍神の弟で、神武に次ぐ第2代天皇の綏靖《すいぜい》天皇がここでは金凝神という名で十二宮目に祀られる。

しかし、これらの神はすべてイワレビコが即位後に生まれてきたわけだから、トビになって即位前に助けに出てくるはずがない。だが一宮の阿蘇都彦命の母方の実家が

14
金鵄登場！　金鵄の正体はやはり？

トビとして出てきたという考え方はないか？　だからこそ天皇家と結ばれたという考え方である。それならもっと現実的で手っ取り早いのはイワレビコの妃の実家が金鵄の正体でいいのではないのか？

イワレビコの妃の名前は、媛蹈鞴五十鈴媛。「ひめたたらいすずひめ」と読む。この名前の中にある〝たたら〟とは製鉄法をいう。つまりこれはスサノヲから続くオオクニヌシ、コトシロヌシの出雲國の専売特許だ。タタラ姫が出雲系の出であることが分かる。姫の父はオオモノヌシともコトシロヌシともされているところから見ると、その血筋を受け継いで大和の国まで勢力を拡大していた豪族だったことは確実だ。

では姫の母の名前は？　勢夜陀多良比売《せやだたらひめ》、ここにも〝たたら〟の字がある。出雲の男性に嫁したため、その名が付けられたわけだ。別名をタマグシ姫、さらにタマヨリ姫ともいう。タマヨリ姫？　そうである。タマヨリ姫の兄はタケツヌミではないか。そうだったのである。やはり八咫烏同様に金鵄もタケツヌミの一族だったと考えていいのだ。

金鵄・八咫烏として下鴨神社に祀られていたのには、こうした納得できる理由があったからである。金鵄＝賀茂の力を借りて、ついにナガスネ彦は退散したのだ。

ところがしばらくするとナガスネ彦はイワレビコの元に戻ってきた。「昔、天つ神の御子《みこ》ニギハヤヒが天の磐船《いわふね》に乗って天降られました。私の妹の三炊屋媛《みかしきやひめ》を娶り、可美真手命《うましまでのみこと》という子が出来、私はニギハヤヒ様を君主として仕えているのです。天つ神の子がお二方おられるはずはない。なぜに天つ神の子と名乗り、人の国を奪おうとするのか」。

神武はこれに応えた。「天つ神の子といっても大勢いる。お前の君主が本当に天つ神の子ならば必ずや証明する印の品があるはずだ。それを見せなさい」。

ナガスネ彦はニギハヤヒの天羽羽矢《あまのははや》という蛇の呪力を持った矢1本と、歩靫《かちゆき》という弓矢を歩きながら射るときのために背中に背負う矢入れを見せた。それを見てイワレビコは「ああ、偽りではない」と答え、自分の天羽羽矢と歩靫をナガスネ彦に示した。

天つ神の証しを見て畏敬の念を抱くが、後には引けない。「打倒神武」の思いを強く抱き、戦いの再開を誓うのだ。ところが当の君主・ニギハヤヒはナガスネ彦に向か

14

金鵄登場！　金鵄の正体はやはり？

って「天神と人とは全く異なるのである。少し身の程をわきまえなさい」と諫《いさ》めた。しかし引っ込みがつかなくなったナガスネ彦は聞く耳を持たなかった。結局、ニギハヤヒがナガスネ彦を殺害することで、長い戦いに終止符が打たれたのである。

元々、九州を旅立つときからシオツチの爺からニギハヤヒの存在は聞かされていた。ニギハヤヒがいる場所こそが、これからの天皇家を育てる場所であることを承知していた。だからこそここまで苦しみにも哀しみにも耐え、歩き続けてきたのである。神武に帰順し忠誠を誓ったニギハヤヒを、その後イワレビコは寵愛してゆくことになる。

これでイワレビコの即位はほとんど秒読みに入ったが、それでもまだ帰順しない輩《やから》が存在していた。そんな中に高尾張邑《たかおわりむら》の土蜘蛛たちがいた。この土蜘蛛は身長が低く手足が長かったので葛《かずら》の木で網をこしらえ一網打尽に殺した。だからこの場所を〝葛城《かつらぎ》〟と呼ぶようになった。現在の葛城には土蜘蛛にまつわる史蹟が二カ所残る。ひとつは葛城一言主《かつらぎひとことぬし》神社境内の「土蜘蛛塚」で、今ひとつが高天彦《たかまがひこ》神社そばの「蜘蛛窟」だ。一言主の境内のそれは、土蜘蛛の遺骸を埋めた塚で、高天彦神社のそれは住処跡とされている。

「一生に一度だけご利益を聞き入れてくれる」とも「願いは一言だけしか聞き入れてくれない」ともされるが、それは裏を返せば「一言だけ祈れば何ごとも叶う」とまでされて長く信仰されてきたのが一言主神社。その総本宮が葛城のここの社である。
葛城には銅鉱山があり、当地の所有者は土蜘蛛だった。葛城一言主神とは葛城の土地神、高天彦神社は葛城氏の祖先を祀るともされる。つまり葛城氏の祖先こそが土蜘蛛だったという考え方ができるのだ。

≫一言だけ願いを聞き入れてくれる『葛城《かつらぎ》一言主《ひとことぬし》神社』へ行きたい！

〈住所〉　〒639−2318 奈良県御所市森脇432
〈電話番号〉　0745−66−0178
〈こんなパワーを授けてくれる〉　まさにその名のとおり、願いは一言だけ叶えてくれる。だからこそ、これぞ！　ということだけ端的に願う必要がある。

》土蜘蛛住居跡が残る『高天彦《たかまがひこ》神社』へ行きたい！

〈住所〉　〒639－2334　奈良県御所市北窪158
〈電話番号〉　0745－66－0609
〈こんなパワーを授けてくれる〉　実に神々しく、「ここが高天原？」と感じさせる山のパワーがある。心を落ち着かせ、今後の人生がどう動いていくかを予知できるような力を与えてくれる。努力の大切さを教えてくれる。

15　橿原宮にて初代天皇誕生！

やっと平定に至った土地は、磐余《いわれ》の地と呼ばれた。イワレビコの名が付けられたのだ。そこでイワレビコはここに都を広げる決意をし、山を切り拓き宮殿を造営し、民を安んじて治めるためにと畝傍《うねび》山の東南、橿原《かしはら》の地に都を定めた。そこが今、橿原神宮が建つ場所である。

令和の御代替わりで上皇となられた125代天皇の明仁上皇と上皇后・美智子さまが、平成28（2016）年、神武天皇没後2600年の式年祭に合わせて親拝、平成30（18）年には銅鏡を贈った宮である。ところがこの橿原神宮が建立されたのは、なんと明治に入ってからのことなのだ。実は『書紀』の「橿原宮《かしはらのみや》」、『古事記』の「畝火白檮原宮《うねびのかしはらのみや》」、『万葉集』にある「可之波良能宇禰備乃宮《かしはらのうねびのみや》」などに見る「かしはら」の地名は早い時期に失われ、宮跡の場所は不明のままだったのだ。

江戸時代になってから歴史家たちが、「畝傍山東南橿原地」の記述を参考に現在の場所を割り出し、明治21（1888）年に内務大臣・山縣有朋《やまがたありとも》に対し奈良県の県会議員・西内成郷《にしうちなりさと》が宮跡保存を申し立てたのである。最初は「橿原跡地の記念碑を……」という願い出だったが、翌22（89）年に明治天皇からの勅許が下り「高畠」とよばれる橿原宮跡を県が買収、翌23（90）年、この地に本殿や拝殿（現・神楽殿）を建てることになったのだ。橿原神宮のお目見えである。

畝傍山の東南麓の橿原遺跡は、昭和13（1938）年から神武天皇即位2600年

15

橿原宮にて初代天皇誕生！

記念事業に伴って橿原神宮外苑の整備工事を行なった。約10万平方メートルに及ぶ大規模な発掘調査の結果、そこから大集落の跡や埋葬された人骨、土器や石や木で作られた製品、動物の骨や角、牙などでできた品などが続々見つかったのだ。さらに橿の木が16平方メートルにも根を広げ埋まっていた。それらは地層などから縄文時代晩期のものと判明、さらに巨木は2600年±200年前の物であるという結果が出たのである。『記紀』の神武伝承の裏付けである。

この場所に2600年ほど前の縄文時代晩期、都があり橿の木が立っていたのだ。そこに王は確実にいた。イワレビコは橿原宮を建て、タタラ姫を正妃として迎えることになった。

天皇の初宮『橿《かし》原《はら》神《じん》宮《ぐう》』へ行きたい！

〈住所〉〒634－8550 奈良県橿原市久米町934
〈電話番号〉0744－22－3271
〈こんなパワーを授けてくれる〉天皇が初めて住まわれた地だけあり、その力強さは半端ではない。何かをやり遂げたときにお礼参りの気持ちを持って詣でると次なる展開のヒントを与えてくれる。

辛酉《かのととり》の年の春正月の庚辰《かのえたつ》朔《ついたち》、天皇は橿原宮に52歳で即位された。この日こそが現在、祝日である2月11日の「建国記念日」である。日暦の計算による紀元前660年1月1日である。

この日付を割り出したのは、江戸時代初期の暦学者、渋川春海《しぶかわはるみ》である。平成24（2012）年に映画化もされた冲方丁《うぶかたとう》原作の時代小説『天地明察』にも登場する。渋川は日本の暦を遡《さかのぼ》っていった結果、辛酉の春が紀元前の660年でありその年の朔《ついたち》、元旦（現在の暦における2月11日）であったことを割り出したのである。そこから数

15

橿原宮にて初代天皇誕生!

えて「西暦○○年」に対し、日本の天皇のはじめを元年として数える「皇紀○○年」という使い方も始められた。ちなみに令和2(2020)年は「皇紀2680年」ということになる。神武天皇が即位されて2680年ということになる。

タタラ姫はカムヤイ(神八井命《かむやいのみこと》)とナカワミミ(神渟名川耳命《かむぬなかわみみのみこと》)の二児を産んだと『書記』にはあり、『古事記』ではこの二人に加え、長男としてヒコヤイ(日子八《ひこや》井命《いのみこと》)の名前が書かれている。このヒコヤイが阿蘇神社の三宮に祀られる國龍神ということになる。52歳で即位してからの子供だから、なかなか元気な天皇だったということになるが、天皇は即位して76年後の127歳(『古事記』は137歳)に崩御したという。さあこれはいくらなんでも……。

半年で1年の計算法で考えたほうが妥当だ。となれば23歳で九州を旅立ったイワレビコは3年かけて大和へ進行、26歳で即位。子宝にも恵まれ、在位38年で崩御なされた。御年64歳だった(『古事記』ならば69歳)。当時としては十分、長生きだろうが127歳よりは現実的だ。崩御翌年の9月に、「畝傍山東北陵《うねびやまのうしとらのすみのみささぎ》に葬り祀った」とある。

この地が新しい天皇ご夫妻も拝した「神武天皇陵」である。実に神聖な場所だ。

歴史を感じさせるこんもりとした木々の中を歩くと、鳥居が3つ並ぶ大きな陵墓が見える。お手水を済ませて一番手前の一の鳥居の前でゆっくりと柏手を鳴らし、しっかりと拝することで、遠い時代にこの日本の地を立ち上げた初代天皇の多大なパワーを得ることができる。

≫初代天皇の墓陵『神武天皇陵《じんむてんのうりょう》』へ行きたい!

〈住所〉 〒634－0061 奈良県橿原市大久保町

〈電話番号〉 0744－22－3338（宮内庁書陵部畝傍陵墓監区事務所）

〈こんなパワーを授けてくれる〉 初志貫徹、思ったことを最後までやり遂げたいが今ひとつうまくいかない……と思っている人は「どのようにすればいいでしょうか」と、心を落ち着かせて訊ねてみよう。すると「浮かび」によって、今後の歩き方を示唆してくれる。目標をやり遂げたときにも、感謝を持って訪れるとよい。

15

橿原宮にて初代天皇誕生！

神武天皇即位42年の春に、天皇は末っ子のナカワミミを皇太子とした。初代天皇94歳のときというから、実際は47歳。そろそろ皇太子を置く年齢だったのだろう。ナカワミミは神武天皇29年の生まれとされるから当時13歳。と、なれば一連の計算法では7歳だ。次期天皇として生きるための術《すべ》を教え始めたわけだ。ところが父には即位後生まれた皇子たちのほかに、九州日向のアヒラツ姫との間にもタギシミミという皇子がいるわけだ。ナカワミミの異母兄である。タギシミミは、父とともに神武東征で日向から苦行を共にしてきた第一皇子である。父と手をたずさえて、ここまで歩いてきた人物を差し置いて、一番年下の弟が皇位を継ぐことになる。これがその後、とんでもない悲劇を生み出すことになったと『記紀』は記す。

ナカワミミの母・タタラ姫は三輪山の神・コトシロヌシの娘だ。つまり、地元を仕切る大親分というところだから、顔色を窺っての皇太子決めだったのかもしれないが一方、神武がそうであったように古代伝承では末子が家督相続するというしきたりが存在していたともされる。

ナカワミミが立太子して34年後（17年後？）の皇紀76年（紀元前585年）春3月

11日、父・神武が崩御。このときナカワミミは47歳とされるから、おそらく実際は23歳の青年男子に成長していた。ところが2代目天皇となるナカワミミが皇位を受け継ぎ、綏靖《すいぜい》天皇元年となるのは紀元前581年なのである。父が亡くなって4年ほどの空白がある。今回の解釈でいけば2年ほどの歳月なのかもしれないが、この空白期間に事件は勃発した。初代天皇亡き後、腹違いの兄・タギシミミが父の妃・タタラ姫を皇后に迎えたのである。母ではあるが血はつながっていない。タギシミミは皇位継承を狙ったのである。

「父・神武は、妻であるタタラ姫の父・コトシロとの友好を考えた末、長男の自分ではなく、弟・ナカワミミに皇位を渡そうとした。コトシロとの友好を続けるには、娘が二代続いて皇后となったほうが納得するであろう」。

さらにこれを盤石《ばんじゃく》なものにするため、考えついたのが皇后の実子である3人の異母弟たちを亡き者にすることだったのだ。しかし、その計画が妻であり弟たちの母であるタタラ姫に気づかれてしまったのである。タタラ姫は思案した末、やはりお腹を痛めた息子たちを救わなければと思った。そこで「嵐がやってくる」という歌を3人

15

橿原宮にて初代天皇誕生！

に送って報せたのである。母の歌で自分たちに危険が迫っていることを知った兄弟たちは、先手を打ってタギシミミの元へ忍び込む。

皇太子・ナカワミミは兄たちに向って「武器を持って憎きタギシミミを討ち取ってくれ」と叫んだが、兄たちは手足が震えて何もできない。「されば」とナカワミミは兄たちが持っていた武器を奪い、義理の兄であり義理の父でもあるタギシミミの館に入り討ち取るのである。こうしてナカワミミは第二代・綏靖天皇として、都を葛城高丘宮へと遷し即位した。この一連の出来事が勃発し解決するまでの時間が、初代から2代目への継承の空白だと思われる。

無事に即位した綏靖天皇は、イスズ姫（五十鈴依姫《いすずよりひめ》）を皇后とした。一度は兄嫁となった母・タタラ姫の妹である。綏靖天皇は『書紀』では在位年数33年、没年齢83歳とある。これも今回の計算にのっとり在位17年、享年42としたい。『古事記』では45歳没と、それに近い年齢で亡くなっている。

天皇陵に治定されているのは、桃花鳥田丘上陵《つきだのおかのえのみささぎ》。神武天皇陵のすぐ北にある。鳥居と玉砂利で囲まれた雰囲気は荘厳だ。『記紀』にはこの第二代目から九代目までは、各天皇の名前、生没年や宮、系譜などが目録的に記してあるだけで、「何を行なった」「こんな事柄があった」という事績の記述はほとんどない。それゆえこの間の天皇は「欠史八代」とよばれ実在すら疑われているのだ。しかし八代すべての天皇陵が葛城地方（奈良盆地南西部）に比定され残されている。この地域は高天彦神社の土蜘蛛に関係する豪族・葛城氏が長く支配していた場所だ。そのため葛城氏が八代の天皇たちに関与していたという説もある。

通常はこの部分を飛ばして一気に次の第十代天皇へという書物ばかりなのだが、今回は『記紀』にある在位年数や没年齢を調べながら、どの時代あたりから「1年＝1歳」になるのかを調べるためにも「欠史八代」も紹介してみる。

早速、「欠史八代」二人目、第三代天皇となる安寧《あんねい》天皇を。

16 欠史八代に迫る!

第2代の綏靖天皇とイスズ姫の間にはひとりの御子しか誕生していない。いくら兄が自分を殺そうとしていたとしても、結局は自らの手で兄を殺《あや》め皇位に就いた自分を悔いていたのかもしれない。ひとりの子であれば世継ぎ問題は勃発しないだろう。予測どおり皇位継承は問題なく行なわれた。

第3代・安寧《あんねい》天皇は即位2年目に都を片塩(奈良県大和高田市)へと遷した。そこを浮孔宮《うきあなのみや》というが、宮跡の石碑が立つ場所には石園座《いそのいます》多久蟲玉《たくむしだま》神社が建っている。近くの三倉堂池から土器、木棺、埴輪、七鈴鏡などが発掘されており、古代農耕の開拓者だったと考えられる。つまり天皇家は九州から稲作技術を運び、この地域にも潤いを与えたということになるのだ。

この神社は古くから龍王宮と称されたが、龍王と言えば「水の神」。稲作に必要な神だったというわけだ。皇紀150年とされる安寧38(紀元前511)年、在位38年、

67歳で崩御。と、なれば34歳で死去したということになる。ちなみに『古事記』では49歳没とする。

≫三代目・安寧天皇の宮跡『石《い》園《その》座《います》多《た》久《く》蟲《むし》玉《だま》神社』へ行きたい！

〈住所〉〒635－0085 奈良県大和高田市片塩町15－33

〈電話番号〉0745－52－6855

〈こんなパワーを授けてくれる〉別名・龍王宮とされるため、龍の瀧《たき》上りならぬ仕事運、出世運がつく。地元の横大路に沿うように、大神《おおみわ》神社を龍の頭、ここを龍の胴、葛城市の長尾神社を龍の尾とする大和の大蛇伝承があるので、この3社を頭から拝むことで成功運が倍加する。

第4代天皇・懿徳《いとく》天皇は、3代安寧天皇の第二子で都を軽《かる》の地に遷した。これを曲峡宮《まがりおのみや》という。橿原市白橿町《しらかしちょう》に伝承地の木がポツンと立つ。近くに白橿近隣公園はあるが、神社などはない。淋しささえ感じさせる。『書紀』では皇后を天皇の兄、オ

16

欠史八代に迫る！

キソミミ（息石耳命《おきそみみのみこと》）の娘、トヨツ姫（天津豊津媛《あまつとよつひめ》）としている。叔父と姪との婚姻である。没年は77歳とあるので34歳死去というところ。『古事記』では45歳没と記される。でも39歳や45歳では、死が早すぎるのではないか？　そろそろ「1年で2歳」ではないのでは？　いやいや次の5代目、孝昭《こうしょう》天皇は１１３歳没（『古事記』は93歳）、次いで6代目の孝安《こうあん》天皇においては在位１０２年で１３７歳没、『古事記』でも１２３歳とされているから、まだまだ「1年で2年」は終わっていないと見るべきだ。と、なれば孝昭天皇は57歳、孝安天皇は69歳が没年という計算になる。

孝昭天皇は御所《ごせ》市北東部の掖上池心宮《わきがみのいけこころのみや》に都をかまえた。御所実業高校正門脇に宮跡の石碑があるが、掖上の近くには神武、綏靖、安寧の后の祖神であるコトシロヌシを祀る鴨都波《かもつば》神社がある。さらに6代目の孝安天皇は、同じく御所市室あたりにあった室秋津島宮《むろのあきつしまのみや》に遷ったとされる。

5代天皇の掖上宮から南西2キロほどにある現在の八幡神社境内に6代孝安天皇秋津島宮跡がある。神社の後ろには御所市中央部にある丘陵の先端部を切断して築造された巨大な前方後円墳、室宮山古墳がある。これは5世紀初頭の築造と見られるから、はたして孝安天皇の墳墓ではないとも思われるのだが……。

続く第7代孝靈《こうれい》天皇は、黒田廬戸宮《くろだのいおどのみや》に遷都した。それまでの山裾にあった宮と異なり大和盆地の中央に位置する場所だ。宮の伝説地は現在の奈良県磯城郡田原本町黒田周辺で、こちらは法楽寺境内に「黒田廬戸宮阯」碑が立っている。

52歳（26歳？）で即位しクワシ姫（細媛命《くわしひめのみこと》）を後に迎え、クニクル（彦国牽《ひこくにくるの》尊《みこと》）こと次代の孝元《こうげん》天皇を得た。さらにクワシ姫のあとチチハヤ姫（春日千乳早山《かすがのちちはやま》香媛《わかひめ》）、クニカ姫（倭国香媛《やまとのくにかひめ》）、クニカ姫の妹のハエイロト姫（絙某弟《はえいろと》）などを娶り、記録では全部で8人の子に恵まれている。ハエイロト姫との間には、第10代崇神《すじん》天皇時に四道将軍の一角として山陽道（西道）を制圧させることとなるキビツ彦（彦五十《ひこい》狭芹彦命《させりひこのみこと》）をもうけている。ちなみにこのキビツ彦が、日本昔話「桃太郎」のモデルとされるのだ。クニカ姫との間には、キビツ彦の姉に当たるモモソ姫（倭迹迹日《やまとととひ》百襲姫命《ももそひめのみこと》）を誕生させている。モモソ姫もまた崇神天皇期に巫女として活躍、疫病や反乱を収めるのに重要な役割を果たすが、彼女を「邪馬台国の卑弥呼ではあるまいか」とする意見が古くから残る。卑弥呼はシャーマンとして、国を安定させたとされ

16
欠史八代に迫る！

るから、その意味でモモソ姫はふさわしい。

実は中国の史書『魏志《ぎし》』の倭人の条に登場する卑弥呼は、実名ではなく称号であると考えられる。天皇の御子の女性のことを皇女というが、これは「ひめみこ」と読む。「ひめみこ」と「ひみこ」は確かに似ている。「ひみこ＝皇女」と思うのだ。それなら皇家の娘たちはすべて「ひみこ」である可能性があるわけだ。『魏志』が著されたのは3世紀末で、魏の正始8（247）年頃に卑弥呼は亡くなっているから、2世紀後半から3世紀中頃に実在した邪馬台国の女王ということになる。『記紀』に合わせるとモモソ姫を卑弥呼とするのは難しい。孝霊天皇がみまかるのは紀元前215年だから、これでは400年ほどの誤差が出る。

2世紀後半から3世紀となれば、『記紀』では第14代の仲哀《ちゅうあい》天皇から15代應神《おうじん》天皇のあたりなのだ。ところが仲哀天皇が没したのが西暦200年で、次代の應神天皇が即位するのは270年。この間天皇が不在になっているのだ。そのとき卑弥呼が存在していたことになる。この空白時代、事実上世の中を取り仕切っていたのは、仲哀天皇の妃であり應神天皇の母とされる神功《じんぐう》皇后なのである。だから「モモソ姫＝卑弥呼」とともに、「神功皇后＝卑弥呼」とも囁かれてきたのである。

さてそのモモソ姫の墓は、桜井市箸中の纏向《まきむく》遺跡、箸墓《はしはか》古墳がその墓と比定されている。宮内庁管轄の古墳発掘は許されないが、平成10（1998）年秋の台風で箸墓古墳の大木が倒れた。そのとき墳丘から多量の葬送用の土器や埴輪の片などが発見された、岡山県や島根県の弥生時代終末期の葬送用土器と同一であることが判明したのだ。岡山といえば桃太郎、モモソ姉弟の故郷である。さらに放射性炭素年代測定により、西暦240年から260年に作られた古墳であることが判明した。と、なればこの墓の主が、卑弥呼であったことは確率的には高くなってくるのだ。1年2歳説を考えていけば、モモソ姫が卑弥呼になる確率も高くなる。

ではどうして、この墓が箸墓古墳とよばれたか？　その衝撃的な理由は、なんと！

それはまた後ほど。

卑弥呼はモモソ姫？ 姫が眠るとされる『箸《はし》墓《はか》古墳』へ行きたい！

〈住所〉〒633―0072 奈良県桜井市大字箸中
〈こんなパワーを授けてくれる〉恋愛だけではなく結婚、妊娠、育児など女性にパワーを与えてくれる。箸というぐらいだから料理も上手になる。さらに仕事面の後押しの力も強い。

大和（奈良）から遠い鳥取県伯耆町《ほうきちょう》。米子市に隣接する。「いなばの白うさぎ」のオオクニヌシの出雲神話の舞台からほど近い。ここは今も「鬼の町」として知られる。ここで鬼退治をしたのが天皇だというのだ。モモソ姫の父に当たる7代孝靈天皇にはこんな伝承もある。

昔、鬼住山《きずみやま》に住む鬼の集団が里人を困らせていた。おそらくこの地に住む悪党どもだろう。孝靈天皇がここを訪れ笹苞山《さすとさん》に陣を張り、笹巻きの団子で鬼の弟である乙牛《おとうし》蟹《がに》の勢をおびき出して射殺、集めた笹の葉を風で飛ばし兄の大牛蟹《おおうしがに》たちの体に葉をまとわりつかせ火をつけて退治したという。喜んだ里人たちは笹の葉で屋根を葺いた神社を作った。これが福が舞い込むとして参拝者が多い楽楽福《ささふく》神社の始まりだという。

天皇が出雲まで足を延ばしているというのは、まだまだ国が安定していなかったということなのだろう。出雲との戦いにしっかりと決着がついていなかったのか。この時期は出雲系に関係する家柄から嫁を娶っていることなどから、大和と出雲の合意が計られていた時代ということを意味している気がする。

天皇はこの地に崩御するまで留まったともされ、『記紀』では即位76年目の紀元前215年に128歳で崩御とする。だから享年64ということになるのか。墓陵は鳥取ではなく、やはり奈良県北葛城郡王寺町の片丘馬坂陵《かたおかのうまさかのみささぎ》。

孝霊天皇、鬼退治で生まれた『楽楽福《ささふく》神社』へ行きたい！

〈住所〉〒689－5216 鳥取県日野郡日南町宮内1101
〈電話番号〉0859－82－1619
〈こんなパワーを授けてくれる〉何しろ福が舞い込む。商売繁盛、金運上昇のほか投資話や不動産の話も舞い込む。それらが参拝後に起こったら、まず間違いなく成功に導かれる。

第8代は孝元《こうげん》天皇という。前帝の孝霊天皇の第一皇子として紀元前273年に生まれ、前214年に60歳（30歳？）で即位したことになる。初代・神武建国の地・橿原に近い境原宮に都を遷したが、卑弥呼を補佐した卑弥呼の弟こそが孝元天皇ではなかったのか？　という話も伝わる謎の天皇で『魏志倭人伝』に登場する男王がこの天皇である可能性もある。在位57年（28年？）の116歳（58歳）で崩御。『古事記』では57歳になっているから、ほぼ同じと見ることができる。

続く第9代目、「欠史八代」最後の天皇とされる開化《かいか》天皇は、ほぼ実在が確実という第10代崇神《すじん》天皇の父親である。都を春日率川宮《かすがのいざかわのみや》に遷した。宮の場所は近鉄奈良駅から5分ほどの率川神社。

3つの宮が並ぶ本殿だが、祭神は開化天皇ではない。すぐ近所に墓所の春日率川《かすがのいざかわの》坂上陵《さかのえのみささぎ》はあるが、宮跡を示す石碑や説明板もない。父の妃のひとりだったイカガシコメ（伊香色謎命《いかがしこめのみこと》）を娶り、次代の天皇を誕生させた。皇紀563年となった開化60年（前98年）4月9日、在位60年を迎えた111歳で崩御している。56歳逝去ということか。

17　初代神武と同じ名前の10代・崇神天皇

第10代目という区切りの崇神天皇からが、実質的な大和政権の成立という見方がある。崇神天皇の時代を西暦に直すと、『記紀』ではまだ紀元前だが卑弥呼の墓同様、

17
初代神武と同じ名前の10代・崇神天皇

崇神は3〜4世紀頃に実在した可能性がきわめて高い。『書紀』の年代を訂正していくと、崇神天皇が3世紀後半に存在していたことになるからだ。古墳から見ても天皇陵とされるものの中で、一番古いのが崇神天皇の墓陵なのである。だからこそ初代・神武天皇とともに「初めて国を治めた天皇」という意味を持つ「御肇國天皇《はつくにしらすめらみこと》」と称されているのだと思う。

宮は磯城（瑞籬宮《みずかきのみや》＝桜井市金屋あたり）に遷したが、当時畿内では疫病が大流行し多くの人民が死に絶えたという。その疫病を鎮めるべく天皇がとった方法は、それまでずっと宮中に祀られていたアマテラスとヤマトオオクニタマ（倭大国魂神《やまとおおくにたまのかみ》）を皇居の外に遷したことだ。

天皇家の祖神・アマテラスは、現在は伊勢神宮内宮《ないくう》に祀られるが、その頃は大和国の宮中に祀られていた。疫病はアマテラスの御神体である八咫鏡の祟《たた》りという噂が広がり、鏡を皇居から外しほかの場所へと祀ることを考えたのである。アマテラスの神を天皇の娘・トヨスキイリ姫（豊鍬入姫命《とよすきいりひめのみこと》）に託し大和の笠縫邑《かさぬいむら》に祀った。もうひとつ祀っていたヤマトオオクニタマは、やはり皇女であるヌナキイリ姫（渟名城入《ぬなきいり》姫命《びめのみこと》）に託したが、姫は髪が抜け落ち、体が衰弱し痩せ細り祀ることができなくなった。その後、天皇の血統ではヤマトオオクニタマを祀ることが出来ないことが分かり、天理市の大和《おおやまと》神社で祀るようになった。ちなみに名は似ているが、ヤマトオオクニタマとオオクニヌシ（出雲の神）とは別物と解すのだが!?

≫天皇が守り切れなかった倭大国魂神が祀られた『大和《おおやまと》神社』へ行きたい！

〈住所〉 〒632−0057 奈良県天理市新泉町306
〈電話番号〉 0743−66−0044
〈こんなパワーを授けてくれる〉 思い通りにいかないことの突破口を見つけ出してくれる。人の上に立って行動や仕事をする人の守り神になってくれる。

三重県伊勢市を中心に位置する伊勢神宮だが、大和から伊勢に鎮座するまでは様々な候補地探しが行なわれた。それが「元伊勢」とよばれる場所だ。
トヨスキイリ姫が最初に向かった大和国の笠縫邑が、元伊勢の第一番目。その後、理想的な鎮座地を求めて各地を転々とし、第11代の垂仁《すいにん》天皇の第四皇女であるヤマト姫（倭姫命《やまとひめのみこと》）が引き継ぎ、およそ90年かけてアマテラスの化身、鏡を携《たずさ》えて各地を巡るのである。伊勢の現在地に遷座するまで28もの宮を替えている。それらすべてが「元伊勢」なのだ。

その一番目の元伊勢とされる笠縫邑の地はどこか？　なんと檜原《ひばら》神社、笠縫神社、姫皇子命《ひめみこのみこと》神社、笠山荒《かさやまこう》神社、天《てん》神社、巻向坐若御魂《まきむくにますわかみたま》神社、志貴御県坐《しきみあがたにます》神社、飛鳥《あすか》坐《にます》神社などいくつもの候補地が挙げられているのだ。笠縫邑には33年ほど鎮座したとあるが、訪れてみてその雰囲気が特に全く別物だと感じたのは檜原神社である。

檜原神社はこの後に出てくる大神《おおみわ》神社の摂社で、大神神社から歩いて30分ほど。大神神社の神はオオモノヌシなのだから出雲の「国つ神」だ。出雲大社を参るときにも感じる人間くささが大神神社にはあるが、摂社の檜原神社は全く違う氣なのだ。おそらくこれが「天つ神」が持つ独特の神々しさなのだ。社殿はなく全国的にも貴重な三ツ鳥居がある。そこから目にすることができる磐座からは、桁外れのパワーが発散されている。

元伊勢の最初の地、パワー全開！
笠縫邑『檜原《ひばら》神社』へ行きたい！

〈住所〉〒633−0001 奈良県桜井市大字三輪字檜原
〈電話番号〉0744−45−2173
〈こんなパワーを授けてくれる〉上品な気に包まれている。原始の神祭りの姿を今に伝える。磐座の前に立つだけで結果を出すためには何が足りないかを教えてくれる。旅の安全や心痛を癒してくれるパワーもいただける。おすすめ!!

アマテラスとヤマトオオクニタマを宮中から遷しても、流行り病は終息しなかった。

崇神天皇7年の2月には、天皇にオオモノヌシから〝神のお告げ〟がある。占うとモモソ姫にのり移り、「私を敬い祀れ」と言い出したのだ。オオタタネコ（大田田根《おおたたね》子《こ》）に祀らせれば、祟りは収まるという。

朝廷は血眼《ちまなこ》になってオオタタネコを探し出し、オオモノヌシを祀らせると、ピタリと疫病はなりをひそめ、国は平穏を取り戻したのである。祭祀を担当したタネコは

17
初代神武と同じ名前の10代・崇神天皇

その後に三輪君、鴨氏の祖となるが、タネコとは一体何者だったのか。

祀られたオオモノヌシはオオクニヌシの和魂《にぎみたま》だ。疫病で人が死ぬことは多かったが、それが祟りだというのは信じ難い。さらに拝むとピタリと病がおさまったのも不可思議である。

たとえば病は戦だったというのなら、人口の半数を失った意味も分かる。「私に従えば祟りは収まる」は、「私に従えば、戦いを止めこれ以上無意味な死者を出さないでやろう」、つまりオオクニ率いる出雲側がタネコの口添えで戦闘を中止したというなら理にかなう。出雲軍が勝ちを治めたことで、奈良の三輪山付近をオオクニの領地としたとも考えられる。確かに大和の大神の祭神が出雲神であることに、私は以前から疑問を抱いていたのだ。そうなるとやはり、オオクニヌシとヤマトオオクニタマとも全く無関係だとは言い切れなくなる。タネコの存在も気になる。

『古事記』によれば、タネコの祖先にはタマヨリ姫がいるのだ。姫は夜な夜な訪れる美青年と親に内緒で契っているうちに懐妊してしまう。両親にすべてを白状したが、男の身元までは知らず、親の助言に従いこっそり男の着物のすそに糸のついた針を通す。翌朝、糸をたどってみると部屋の戸の鉤穴を通り抜け、たどって行くと三輪山の神、オオモノヌシだったという。その子孫がタネコだというのだ。やっぱりだ！

『書紀』ではモモソ姫が男と契るが、夜にしかやって来ないので顔をしっかりと見たいと、朝になるまで一緒にそばにいてほしいと懇願する。男はこれに応じ、朝に櫛笥《くしげ》(化粧箱）の中に入っているとしたが、自分の姿を見て驚くな、と言い残して帰る。果たして朝になり、櫛笥の中を覗くとそこには小さな蛇がいた。あまりの驚きに声を発した姫に恥をかかされたと、オオモノヌシは三輪山に帰り、姫は姫で驚いて思わず尻もちをついた。その拍子に姫は女陰《ほと》を箸で突いてしまい亡くなる。そのためモモソ姫が、葬られた墓が前出の「箸墓」なのである。大神神社から2キロほど離れている場所だ。まあ、これも箸で突くのは、性行為を模しているものだと思われ、オオクニの血が朝廷とも結びついている証しだとも考えられる。タネコは出雲の血を引いた人間であり、ある意味で天皇の祖神を伊勢まで追いやり大和で幅を利かせたのだろう。

三輪山は、標高467メートルの神山として崇められてきた。大神神社の社殿は拝殿のみで本殿はない。山そのものが御神体なのである。頂上には奥津磐座《おくついわくら》、少し下った場所に中津《なかつ》磐座、拝殿近くに辺津《へつ》磐座の3つの磐座《いわくら》があり、山麓には鏡や勾玉、土師器《はじき》、須恵器《すえき》など古代祭祀で使われたものが多く発掘されている。
翌年崇神天皇8年12月に天皇は、オオモノヌシの祭祀に神酒を捧げた。そのことから「神酒」を「みわ」と読み、「酒の神」ともされるのだ。

≫ 大和の地に出雲神が鎮座する『大神神社《おおみわ》』へ行きたい！

〈住所〉 〒633－8538 奈良県桜井市三輪1422
〈電話番号〉 0744－42－6633
〈こんなパワーを授けてくれる〉 山の独特な気にふれることで、雑念や不必要なもの、病が自分の中から出てゆくのがわかる。そのためにもまず祓戸《はらえど》神社で自らを祓い清める。夫婦岩は揃って拝すると幸せな人生を送ることができる。

疫病を鎮めた天皇は、「まつろわぬもの」を鎮めるため計画し始めた。「まつろわぬもの」とは帰順しない豪族や民を意味する。神武天皇時代の土蜘蛛と同意である。なぜに第2代から9代までに登場しなかった敵がここでまた登場するのか？　この時期

が大和近辺から全国を統一していこうと考え出したからなのだろうか。初代神武は全国統一のため東征してきたのだ。その思いがこの場でやっと実現しようとしている。だからこそ崇神天皇こそが初代天皇だとも言われているのだろう。

18　全国統一のための一歩！

10代崇神は全国統一するためにまずは高志《こし》（北陸）を平定するため、叔父のオオヒコ（大彦命）を派遣した。オオヒコは8代天皇・孝元の子で次に皇位を継いだ開化天皇の兄である。オオヒコの子のタケヌナカワケ（建沼河別命《たけぬなかわわけのみこと》）には、東海から関東に当たる東海道に派遣させ、ヒコイマス（日子坐王《ひこいますのみこ》）を丹波の国へと遣わした。

高志の都を治めるオオヒコを祀る古社が、北陸福井に建つ。舟津《ふなつ》神社である。

私は平成30（2018）年から、『こしの都　神社の謎』（丹南ケーブルテレビ）というレギュラー番組を持っているため、何度かここの神社を訪ねたことがある。鳥居

18

全国統一のための一歩!

をくぐり参道を歩きながら、本殿へ向かうだけで古き歴史の中に息づく雄々しさを感じさせるが、社殿の背後から何とも言えぬ力強い氣が降り注いでくる。そこは国の史跡になっている王山古墳群だ。

東京大学名誉教授で歴史学者の橋本政宣《はしもとまさのぶ》氏が舟津神社の宮司も務める。橋本宮司によれば、オオヒコは淡海(琵琶湖)を経て、角鹿津《つぬがのつ》(敦賀港)から八田(丹羽郡)に入り東へと渡った。途中で「塩垂の老翁《しおだれ》」から教えを受け、安伊奴彦《あいぬひこ》の先導で和那美《わなみ》川から深江《ふかえ》の国に達し、舟をつけたのでここを「舟津」とよぶという。

安伊奴を北海道の先住民族のアイヌと結びつけるのは無理があろうが、この後に登場する蝦夷《えみし》に何ら関係があるだろうか? 北海道出身の私にとっては、余計ワクワクしてくる。

さて舟津に着いたオオヒコが山に登ると、道筋を教えてくれた塩垂翁に再びめぐり逢う。だからこの山を「逢山《おうやま》」(王山)とよぶようになった。その爺、実は「道ひらきの神」猿田彦だったため、神として山上に祀った。成務《せいむ》天皇の4(134)年には、そこにオオヒコの父・孝元天皇が合祀され、オオヒコは舟津郷に奉られたとされる。

この地の出身者である第26代天皇の継体《けいたい》天皇元（507）年に両社の神殿が再建され、王山山上の大山《おおやま》御板《みいた》神社を上の宮、舟津神社を下の宮と称した。なお応永23（1416）年には下の宮が再建されて正中に大彦命、左座に猿田彦命、右座に孝元天皇が祀られ上下の宮が合致されて祀られたのが、現在の舟津神社の地なのである。

≫オオヒコが開いた高志《こし》の都『舟津《ふなつ》神社』へ行きたい！

〈住所〉〒916－0054 福井県鯖江市舟津町1－3－5
〈電話番号〉0778－51－0966
〈こんなパワーを授けてくれる〉静寂で清浄な空気が流れる。大樹から発せられるパワーは祀られる大杉大明神のものだが、これは結婚と出会いのルートを導く。また勝運、武運長久、健康長寿に特別な力を貸してくれる。

『古事記』には「四道将軍」ではなく、三道しか派遣記録がない。しかし『書紀』では、もうひとりキビツ彦（吉備津彦）が西海に派遣され、吉備を平定している。『古事記』では7代目・孝霊天皇のときすでにキビツ彦は吉備国を治めているのだ。

孝霊天皇の皇子がキビツ彦であり、その姉がモモソ姫であることは先に述べた。桃太郎のモデルだ。犬や猿、キジに与えたキビでこしらえたという〝キビ団子〟、実際は吉備で作られた団子だからだそう。

吉備津神社の回廊

そのキビツ彦を主祭神とするのが、岡山市吉備津市の吉備津《きびつ》神社である。キビツ彦を葬ったと伝える御陵がある。「吉備の中山」に寄り添う形で山の西側に鎮座するが、北側には吉備津彦《きびつひこ》神社がある。吉備津神社は備中国の一宮で、吉備津彦のほうは備前の一宮なのである。

吉備津神社は、拝殿のわきから398メートルの長い回廊があることで知られる。

そこを歩いた中ほどから右手に曲がる短い回廊の先に御竈殿《おかまでん》がある。そこで行なわれるのが「鳴《なり》釜神事《かましんじ》」とよばれるもの。米を入れた蒸籠《せいろ》を釜で熱し神職が祝詞を奏上すると、やがて釜の中でパチパチと米が飛び跳ねる音がする。そして釜に火が共鳴するような低いうなり声のような音が鳴る。それらの音の大小や短長によって祈願の吉凶を判断するのである。

先年、私も3000円の初穂料を納めて御竃殿へと入った。釜に火が入れられてからしばらくすると神職が入ってきた。心の中で願い事を唱える。すると米の鳴る音が聞こえ始める。この音は座っている場所やその日の天気や湿気などによって聞こえ方が違う。その願いは、「病気が治りますように」だったり「仕事が成功しますように」だったり人それぞれ異なるはずだがそんな中、米の鳴る音と釜のうなるような音が重なる。全く米が跳ねる音が聞こえないときもあるという。

神職が願いに対して答えるのではなく、釜の火起こしや釜の中に米を入れる阿曽女《あぞめ》という女性が教えてくれるわけでもない。願っている本人がその音の感じ方、それぞれの聞きようで、自ら結果を出すのだ。いい方向にも悪い方向にもすべて願いを唱えた人自身が、音で自らの答えを引き出し判断するのだ。

鳴釜神事の伝承はこうである。この地には温羅《うら》という百済《くだら》国（朝鮮半島）の王子がいた。新羅《しらぎ》から渡来したとも加耶《かや》からともされるが、何しろ乱暴者で鬼と恐れられていた。温羅の弟は王丹といい、〝おに〟とよむので〝王丹〟の兄から〝鬼〟に変じたとも考えられる。いずれにせよ、その鬼を退治したとされるのが、キビツ彦なのである。そうだ! 鬼退治、桃太郎である。

鬼城山《きのじょうさん》には、今も〝鬼《き》ノ城《じょう》〟なる城跡もあるし、瀬戸内海には〝鬼ヶ島〟とされる女《め》木《ぎ》島《じま》という伝承地も残る。女木島を望む香川県高松市にあるの田村神社には、桃太郎とモモソ姫が島に向かって手を指す像もある。さて戦いに勝利したキビツ彦は、鬼の首をさらし首にしたが、不思議なことにいつまで経っても吠え続け、うなり声を発するのである。

田村神社の桃太郎像、姉のモモソ姫と

家来の犬飼建に命じ犬に食わせ、髑髏《どくろ》になっても吠え続けた。そこで今の御竃殿の地下を八尺あまり掘らせ、土下深く首を埋めたのである。しかし、うなり声は13年間も鳴りやまず、響き渡ったという。

ある夜、夢に温羅が現れて、「阿曽郷にいるわが妻の阿曽媛に命じお釜の神饌を炊かしめよ。幸あれば豊かに鳴り、災いあれば荒々しく鳴ろう」と告げた。阿曽郷は現在の総社市奥坂をさし、釜鳴神事の際は現在も阿曽郷出身の女性である阿曽女が、神職が御竈殿に到着するまでの間、火を起こし釜を温める準備をしている。今もうなり声のような音は発せられ、人々の吉凶を告げているが、私はその音を自分の耳で聞き豊かな音と判断した。「吉」である。

≫鳴釜神事で占う『吉備《きび》津《つ》神社』へ行きたい！

〈住所〉　〒701－1211 岡山県岡山市北区一宮1043

〈電話番号〉　086－284－0031

〈こんなパワーを授けてくれる〉　すがすがしさを感じさせる神社だが、ゆっくり回廊を回りながら、あくせくした毎日に区切りを付けたい。大きな事を成し遂げたり、学校の入試なども導かれる。鳴釜神事は是非体験してもらいたい。

19 物言わぬ皇子

かくて諸国は平定され、人民は富み栄えた。そんな崇神天皇は１１８歳で亡くなった。やはりまだ現実的ではない。59歳没ということにしたい。奈良県天理市の山辺《やまのべの》道勾岡上陵《みちのまがりのおかのえのみささぎ》が陵墓とされ、宮内庁が管理している。巨大な前方後円墳で、築造年代は4世紀後半の早い時期と推測されている。崇神天皇の時代に始まった全国統一の動きは、崇神天皇の皇子の第11代・垂仁《すいにん》天皇の御代でも継続されている。

斎宮《いつきのみや》齊王であるヤマト姫によってアマテラスが伊勢の五十鈴川《いすずがわ》のほとりにたどり着き祠を建て、伊勢神宮（内宮）に治まった時代であり、新羅など海外との積極的な交流を始めたのもこの時期である。水田開発のため８００カ所にものぼる貯水池や溝作りという大規模な灌漑事業を行なったのも垂仁の治世だった。

しかし、この御世は悲劇から始まった。

垂仁天皇の皇后は2代前の開化天皇の孫・サホ姫（狭穂姫）である。垂仁も開化の孫だが、ある日皇后の同母兄のサホ彦（狭穂彦）が、妹に向かって「おまえは兄と夫とどちらが愛しいか」と問う。サホ姫は兄が尋ねた真意を分からず気軽に「兄上をいとしく思います」と答えた。すると兄・サホ彦が重大な計画を打ち明けるのだ。天皇を亡き者にし、二人で天下を治めようというのだ。「どうか我がために天皇を殺してくれ」と、短刀を手渡した。しばらくして後宮で天皇は皇后の膝を枕に昼寝をしていた。「兄王の謀反《むほん》を起こすのは、まさにこの時」とばかり、刀を頸に刺そうとしたとき、姫の目から涙がこぼれ落ちた。涙は帝の顔に落ち、天皇は目を覚まして、こう告げた。

「妙な夢を見た。大雨が狭穂のあたりから降り、錦色のヘビが自分の首に巻きついた。何の前ぶれであろうか」。その夢の話を聞き、サホ姫は恐れおののき天皇に兄の叛意《はんい》をすべて打ち明けてしまうのだ。

天皇は「お前の罪ではない」と仰せ、ただちに近くの県《あがた》の兵をサホ彦の元へ差し向けた。一方のサホ彦は急きょ稲を積んで砦を作り、城を築き抵抗する。皇后は悲しみ、「皇后であるといっても、兄王を失ってしまっては天下に臨めましょうか」と、身重

19

物言わぬ皇子

の体を押してサホ彦の稲城の館に逃げ込んでしまうのである。

しばらく睨み合いの日が続いた。この間に、稲城でサホ姫は皇子を出産した。「この子をあなたの子だと認めてくださるのであればお育てください」と頼む。天皇の皇后でありながら、兄との不義の子を孕《はら》んだという意味なのか？

家来は子を引き取りに行き、サホ姫も一緒に連れ戻そうとするが、姫は子供を託すと、「死んでも決して天皇のご寵愛を忘れません。後宮は丹波の国の道主の娘たちにお任せください」と言い残し、館に放たれた炎の中に消えていった。サホ姫の遺言通り、丹波の女を後宮として迎えたが、その中のヒバス姫（日葉酢媛）が次代天皇の景《けい》行《こう》天皇（大足彦尊《おおたらしひこのみこと》）や伊勢にアマテラス大神を祀るヤマト姫を産んだ。

一方、火の中から返された皇子のホムツワケ（誉津別命《ほむつわけのみこと》）は、兄妹同士の子供だったということなのか、まるで母の罪を背負ったかのように、大切に育てられたにもかかわらず一言もしゃべることができなかった。年齢も30歳を過ぎ、髭も長く伸びたのに泣き止まず、赤ん坊のようだった。

そんなある日、ホムツワケは白鳥が大空を飛び渡る様を見て、「あれは何か」と初めて声を発したのである。喜んだ天皇はそれを聞き白鳥の捕獲を命じる。鳥取造《ととりのみやつこ》の祖、天湯河板挙《あめのゆかわたな》は、それを追いかけ出雲の地で捕獲したとされる。そのとき天皇の夢にオオクニが登場する。またまた出雲神のお告げである。

夢の中でオオクニは、「自分の宮を修理すれば御子は口がきけるようになる」と言うのだ。天皇はすぐにホムツワケを出雲大社に参拝させた。するとその帰り道に御子は突然話し出しその後、嫁をもらえるほどになったというのだ。驚いた天皇は、出雲大社を改修させるのである。

20 出会いの神様、出雲大社のパワー

出雲大社の改修といえば、今は60年に一度の「遷宮」だが、現在の本殿が造営されたのは延享元（１７４４）年。その後65年後の文化６（１８０９）年に遷宮され、そこから72年後の明治14（１８８１）年、同じく72年経った昭和28（１９５３）年と続

20

出会いの神様、出雲大社のパワー

き、しっかり60年経った平成25（２０１３）年に「平成の大遷宮」が行なわれた。

この大遷宮、実は令和になるギリギリの平成31（２０１９）年3月まで11年かけて行なわれていた。今回で28回目の遷宮とされているが、第37代齊明《さいめい》天皇が出雲大社を修繕した６５９年が記録上の第１回遷宮である。しかし１３００年前の『記紀』にはすでに高層建築ともいえる出雲大社のことが記されている。６５９年の第１回遷宮までも何度か建て替えや改修はあったはずだ。その１回目が垂仁天皇の修繕だったのかもしれない。

この大社は昔から「出会いの神」「縁結びの神」として知られるから、ここを参った後にホムツワケが嫁を娶ったというのは納得できる。

この出雲地区は、神無月《かんなづき》とされる10月に全国の神が集まる。神が出雲以外にはいなくなるから神無月とよばれる。だから出雲では反対に10月のことを神在月《かみありづき》とよぶ。ただし間違いないように！　この10月、今の暦ではない。旧暦である。旧暦の10月10日の夜、『記紀』において国譲りの現場でもある稲佐浜に全国から神々が集まり、「神迎祭」が行なわれる。その後、翌11日から17日まで出雲大社で神議《かむばかり》を行なうので

出雲大社の神楽殿

ある。「この人とこの人を結び付けよう」「この仕事をこの人に任せよう」「そろそろこの世から神の世界に迎えよう」などなど、ありとあらゆる出会いや縁、歩くべき道筋を神たちが決める会議が神議なのである。神々の会議を邪魔しないようにと出雲では、「お忌み入り」として今でも歌舞音曲を中止する。旧暦10月18日には、大社から各地に帰る神々を見送る「神等去出《からさで》祭」が行なわれる。

20

出会いの神様、出雲大社のパワー

≫遷宮が終わったばかり。今だからこそ『出雲大社《いづもおおやしろ》』へ行きたい！

〈住所〉〒699－0701 島根県出雲市大社町杵築東195

〈電話番号〉0853－53－3100

〈こんなパワーを授けてくれる〉出会いの神様といわれるが、恋愛だけではなく、人生すべて出会いが大切。いい出会いが訪れる。恋はそのまま発展しゴールインの確率も高いが、どうも大鳥居をくぐった後、まずはじめにやらなければならない祓戸の大神での禊ぎ清めをお忘れの方が多すぎ！ その後のお手水も必ず！ 拝殿だけではなくしっかり本殿の前まで行き参拝する。四拍であることも忘れずに。神楽殿でも今一度参拝したい。

出雲大社から神々は旅立ってゆくが、自分たちが住んでいる土地に帰る前に、佐太《さた》神社（島根県松江市鹿島町）、神魂《かもす》神社（松江市大庭町）などの出雲地方の神社に立ち寄り、最終日とされる旧暦10月26日の夕刻に万九千神社《まくせのやしろ》（出雲市斐川町）に集まる。この神社で出雲からのお立ちの奉告「神等去出神事」が厳かに行なわれるのである。

宮司が幣殿の戸を梅の小枝で「お立ち〜」と三度唱えて叩く所作の後、神々は来年の再会を約し直会《なおらい》（酒宴）を催すのだ。参列者たちも「お立ち〜」の声とともに三々五々、自宅や宿泊先に帰ってゆく。神様の直会の邪魔をしてはいけないからだ。地元では境内に入ったり覗いたり、外出も大声を出すことも控える。神罰があたると恐れ慎み、寝床について静かに神々をお送りする風習が伝えられているのである。翌朝早くに神々は出雲を旅立ってゆく。神社の鎮座地周辺の地名、神立《かんだち》はこれに由来している。

その厳粛な神等去出神事に私は何度か立ち会わせていただいたことがある。新しい年の縁に手を合わすのである。令和初のお立ちの日は、翌日にちょうど島根で仕事が入っていて来訪。私が作曲した歌を島根で活動する歌手・宇山保夫《うやまやすお》さんが歌う新曲発表会である。それも彼の新曲の題名は「出雲大社《いづもおおやしろ》」というのだ。出会いの神様の粋な計らいに感謝である。

そこで皆さんにお教えしておきたい。「神在月」とされる10月15日から26日は旧暦である。だから毎年、今の暦と日にちが変わるのである。ちなみに２０２０年の旧暦

10月15日は、今の暦の11月29日で、万九千神社の「神等去出」の日、旧暦10月26日は12月10日。2021年は、10月15日＝11月19日、10月26日＝11月30日。この期間こそが八百萬の神々が出雲の地にお集まりの時期である。「神在月」に出雲に出かけてみたいとお思いの方々は、くれぐれもご注意あれ！

≫八百萬の神が出雲の地から飛び立つ『万九千神社《まくせのやしろ》』へ行きたい！

〈住所〉〒699－0615 島根県出雲市斐川町併川258
〈電話番号〉0853－72－9412
〈こんなパワーを授けてくれる〉出発のタイミング、つまり何ごとも最初が肝心。はじめるときの心構えや用意を首尾よくまとめ上げてくれる。各地の神様が集結、出発の当日や前日の祭りに訪れると、神々によって今後歩いてゆくべきルートをつけてくれる。自分の力以上に力が発揮される道を教えてくれる。

21 ヤマト姫、アマテラス大神をお伊勢さんへ

出雲の神様が登場したなら、やはりお伊勢さんのお話もさせていただこう。

崇神天皇の時代に宮中からアマテラスの神は、鎮座する場所を求めて旅に出た。崇神天皇6（紀元前92）年に笠縫邑に33年（17年？）間滞在していたが、トヨスキイリ姫からヤマト姫にアマテラスの遷座場所探しのバトンが渡るのは、垂仁天皇25年（紀元前5）3月10日とはっきり書かれている。と、いうことになればトヨスキイリ姫は88年間、アマテラスの落ち着き先を探しあぐねていたことになる。

33年間の笠縫のあとに丹波国の吉佐宮に移り、ここに4年滞在している。ここは京都府宮津市にある籠《この》神社の摂社・奥宮眞名井《まない》神社だとされている。

摂社とされながらこちらが上宮で本宮が下宮とされる神社なのだ。ここは伊勢神宮の外宮《げくう》に祀られるトヨウケ（豊受大神）が住んでいた場所。後々、アマテラスが伊勢におさまった後、アマテラスの食事を作るという名目で外宮に招かれる。アマテラス

が気も心も許せた仲間的な感覚を抱いたのが、トヨウケだったのかもしれない。アマテラスは籠神社に「このまま住んでいたい」という気持ちだった。しかし叶えられなかった。またもや追手が迫ってきたのだ。わずか4年（2年？）でこの地を後にする。

先日、籠神社を訪ね眞名井神社にも詣でた。すがすがしく、間違いを正してくれたり新たに歩いていく道に導いてくれるパワーに満ちあふれている。奈良時代に丹後国一宮となり、山陰道唯一の大社として古くから崇敬されてきた神社である。

眞名井神社

本殿正面には伊勢神宮と籠神社にしか祀ることが許されていない五色の座玉《すえたま》が輝き、境内には地下を流れる水音を聞くことができる水琴屈《すいきんくつ》がある。癒しと落ち着きを取り戻させてくれるのだ。

本宮を拝してから徒歩5分ほどの場所に位置する眞名井《まない》神社へと向かった。ここも何かを見失ったときや自信喪失のとき、穢れを祓いのけてくれるような力を感じさせる。ここは〝日本三景〟のひとつ、観光名所の天橋立《あまのはしだて》がある場所だ。文珠山《もんじゅさん》山頂にある、天橋立ビューランドまでスロープカー（モノレール）に乗って入園した。展望台から「股のぞき」して天橋立を見てみた。これは天に舞い昇る龍にたとえられ「飛龍観」と呼ばれるが、まさに天と海がつながっているようなのだ。是非、お試しあれ!!

股のぞきしながら、写真を撮ってみました……

さてこの浮島が誕生したのは神代の時代とされる。神話ならではの誕生理由は、イザナギが眞名井神社に住まうイザナミのもとに天から通うため、梯子《はしご》を作ったが寝ている間に倒れてしまった。これが天橋立になったとされるそうな。イザナギイザナミはアマテラスの父母ということになるが、男女を結ぶ良縁成就の地としても人気のスポットだ。

》ベストスポットに癒される
『籠《この》神社　眞《ま》名《な》井《い》神社』へ行きたい！

〈住所〉〒629−2242 京都府宮津市字大垣430
〈電話番号〉0772−27−0006
〈こんなパワーを授けてくれる〉自信喪失のときや間違いを起こしてしまったなと思っているとき、その原因が何であるかを悟らせてくれる。天気が晴れていたのに急に雨が降り出したりするときは、特に過去を禊ぎ祓ってくれる。天橋立を歩いたり目の当たりにすることで、確実な道しるべを教えてくれる。ただし物見遊山的感覚での参拝は控えたい。

トヨウケはまるで母のように優しい存在だったのだろう。しかし追われてアマテラスは再び大和（奈良）へ戻る。次に住む場所が伊豆加志本宮《いつかしのもとのみや》という。ここを三輪山とする説や長谷寺（桜井市）とする説もあるが、8年（4年？）間滞在してまた次の地へと移った。次の紀伊國・奈久佐浜宮《なぐさのはまのみや》には3年（1年半？）住んだことになって

いる。ここは和歌山市にある濱宮だと思われる。吉備國・名方浜宮《なかたのはまのみや》には4年（2年？）、そして大和國・弥和乃御室嶺上宮《みわのみむろのみねのうえのみや》に住んだ2年（1年？）の間に、ヤマト姫にバトンが渡されたのだ。この場所は、三輪山山頂にある大神神社の摂社・高宮《こうのみや》神社だとされる。同じく摂社である狭井《さい》神社から今も登拝が可能だ。

ヤマト姫はここから、宇多秋宮《うだあきのみや》（奈良県宇陀市の阿紀《あき》神社）、佐佐波多宮《ささはたのみや》（宇陀市の篠畑《ささはた》神社ほかが候補地）と大和に4年（2年？）住む。伊賀國・隠市守宮《なばりいちもりのみや》に2年（1年？）（三重県名張市の宇流冨志禰《うるふしね》神社ほか）、穴穂宮《あなほのみや》に4年（2年？）（三重県伊賀市の神戸《かんべ》神社ほか）、敢都美恵宮《あえとみえのみや》に2年（1年？）（伊賀市の都美恵神社ほか）。近江國・甲可日雲宮《こうかひぐものみや》は4年（2年？）、ここは滋賀県甲賀市にある垂水頓宮《たるみとんぐうし》址が史跡とされているが、ほかにも甲賀市の五十鈴《いすず》神社、三上六所《みかみろくしょ》神社に合祀されている大神宮社、湖南市の神明神社などなど「ここではないか？」とされている神社は数多い。

近江國では坂田宮にも2年（1年？）滞在したことになっている。ここは滋賀県米原市にある坂田神明宮ではないかとされている。坂田神明宮に姫は2年間奉斎した。分霊の旧社として古くから坂田郡の総社として信仰が厚かった神社である。

21

ヤマト姫、アマテラス大神をお伊勢さんへ

米原で東海道新幹線を下りて、金沢方面へ北陸本線に乗り換え10分ほどで次の駅、坂田に着く。駅からすぐ鳥居が見える。御手水を済ませた後、本宮までの参道で驚いた。なんとお宮へは一度、線路を渡らなければならないのだ。線路を通り過ぎると厳かな気に包まれた境内。

坂田神明宮は鳥居をくぐって本宮までの間に線路がある

本宮の中には内宮と外宮、ふたつの宮が建っている。伊勢神宮と同じだが、内宮外宮が隣り合わせで建っているのだ。元伊勢ならではの威厳だ。

本殿前の拝殿は6畳ほどのスペースだ。なぜか、ヤマト姫がここにアマテラスの鏡を大切に保管しながらも、暮らしていたのでは？と感じた。本殿に向かって左手には倭姫宮《やまとひめのみや》が建ち、アマテラスとトヨウケをいつもそばから見つめている。安心感とやすらぎに包ま

れている。

≫線路を渡ってパワースポット『坂田神明宮』へ行きたい！

〈住所〉〒521−0062 滋賀県米原市宇賀野835−2
〈電話番号〉0749−52−1894
〈こんなパワーを授けてくれる〉ひっそりとした拝殿に立っているだけで、静寂感を感じる。都会の喧騒を忘れて自らを見つめ直したいときにはいい。その後ろに建つ本殿や倭姫宮はやさしさを感じることができる。しっかりと第一の鳥居をくぐってから線路を渡り、境内に入ることを忘れずに！

ヤマト姫が坂田宮から次にルートを辿ったのが、美濃國の伊久良河宮《いくらがわのみや》に4年（2年？）。ここは岐阜県瑞穂市の天神神社、安八郡の名木林《なきばやし》神社、宇波刀《うわと》神社では？などと言われる。さらに尾張國の中嶋宮に入る。愛知県一宮市の真清田《ますみだ》神社境内に建つ浜神明社や酒見《さかみ》神社あたりをさすか？

そしてとうとう伊勢國に入るのである。4年（2年？）滞在したとされるのが、桑《くわ》

21
ヤマト姫、アマテラス大神をお伊勢さんへ

名野代宮《なのしろのみや》(三重県桑名市の野志里《のじり》神社など)。旅はまだ続き奈其波志忍山宮《なごわしのおしのやまのみや》。アマテラス、トヨウケを祀る亀山市の布気皇館太神社《ふけこうたつだい》、アマテラスと猿田彦を祭神とする忍山《おしやま》神社のいずれか。伊勢國に続いて、阿佐加藤方片樋宮《あさかのふじかたかたのひのみや》には4年(2年?)滞在している。

ここは松阪市にある阿射加《あさか》神社であるとされる。この阿射加神社という同じ名前の神社が、松阪の中にはふたつある。小阿坂町と大阿坂町でいずれも立派なたたずまいだ。やはり猿田彦大神を祀っている。

猿田彦は元々、天孫降臨の際に初めて出会う皇家ではない神(国つ神)であり、道案内をしたことになっている。しかしながら大和からヤマト姫を伊勢へといざなっているのもまた猿田彦、または猿田彦の末裔ではなかったのかと、感じるのである。ひょっとすると猿田彦の天孫の道案内は、このヤマト姫の巡幸のことを描いていたのではあるまいか?

実はこの松阪阿射加の地で、猿田彦は海で貝に手をはさまれておぼれ死ぬと『古事記』に書かれている。猿田彦は無事に伊勢まで案内した後、最終的にこの阿射加の地

で亡くなっているのだ。この後に伊勢の内宮へとアマテラスは運ばれるが、内宮の土地こそが猿田彦の末裔とされる大田命《おおたのみこと》の所有物だったのである。

阿射加からアマテラスの化身である鏡を持ってヤマト姫は、猿田彦（末裔？）と共に内宮への最終ルートに入ったのである。伊勢國・飯野高宮《いいのたかみや》（高丘宮）は松阪の神山《こうやま》神社とされるが、ここの祭神も猿田彦であり、猿田彦の妻のサルメ（ウズメ＝天鈿女命）である。

さらに佐佐牟江宮《さざむえのみや》（多気郡の竹佐々夫江《たけささふえ》神社）、伊蘇宮《いそのみや》（伊勢市磯町の磯神社＝元々の鎮座地が洪水で崩壊のため八王子社に遷座）、そして大河之滝原之國《おおかわのたきはらのくに》の瀧原宮《たきはらのみや》（皇大神宮別宮＝度会《わたらい》郡大紀町）と伊勢神宮へどんどんと近づいていく。

瀧原宮は「遥宮《とおのみや》」として古くから崇敬を集めた、パワーあふれる神社である。樹齢数百年の杉木立に囲まれた参道と谷水の流れによる御手洗場《みたらしば》は、五十鈴川で身を清めてから参拝する内宮を連想させる。神代の昔にタイムスリップするようなイメージを醸し出す場所なのである。伊勢からは高速道路を使って40分ほどだが、一度訪ねてみることをおすすめする。さすがに〝伊勢に近づいているな〟と感じられるし、

〝最後の元伊勢〟だと納得させてくれる空気がまたただよっている。

≫伊勢まであと少し。最後の元伊勢『瀧原宮《たきはらのみや》』へ行きたい！

〈住所〉〒519−2703 三重県度会郡大紀町滝原872

〈電話番号〉0598−86−2018

〈こんなパワーを授けてくれる〉心を落ち着かせてくれる気が漂う。静かな自然の中で、もう少しで目標が達せられる、成功するときに最後にやるべきことを悟してくれる。それは入試でも恋愛成就でも、大仕事であってもいいが、今ひとつのふんばり、自分では気づいていない底力を出し切ることができる。

瀧原宮のあとは家《や》田々上宮《たのたのうえみや》（伊勢市楠部町の大土御祖神社〈皇大神宮摂社〉）、奈《な》尾《お》之《し》根宮《ねのみや》（伊勢市中村町の那自売神社〈皇大神宮末社〉）と住まいを遷し、ついに五《い》十《す》鈴宮《ずのみや》、皇大神宮（伊勢内宮）へと到達する。瀧原宮から伊勢に向かう間には、アマテラスが身を隠したとされる〝天岩戸〟といわれる場所が存在する。〝天岩戸〟は高千穂（宮崎）ではなかったか？　確かにそうなのだが、伊勢にも存在しているのだ。や

恵利原の水穴はディープだった

はりアマテラスが伊勢内宮に落ち着くまで、幾度もこうした追跡が続けられていたのだ。そのための隠れ家もまた文字通り〝天岩戸〟だったはずである。

私が、驚愕した場所として『神社の謎』の第1弾に記した〝天岩戸〟は、志摩半島のほぼ中央、逢坂山中腹の恵利原《えりはら》地域にあった。恵利原の水穴と言われる所である。どこからか誰かに監視されている気まで起きてくる。何に見られているのだろうか？　なかなかディープな場所である。

また猿田彦を祀る二《ふた》見《み》興玉《おきたま》神社の境内にも〝天の岩屋〟が存在する。夫婦岩でなじみの二見興玉神社は伊勢参りの際、外宮参拝前にまずはお祓いの意味合いを込め参拝しなくてはならない所だ。ここで禊のお参りの後、伊勢神宮の外宮、そして内宮とい

21

ヤマト姫、アマテラス大神をお伊勢さんへ

う順序で参拝しなければならない。

海に浮かぶ夫婦岩の沖合の海中に猿田彦ゆかりの霊石が沈むとされるが、その地点が猿田彦最期の地、阿射加を指しているようだ。

二見興玉神社の夫婦岩

さてアマテラスは、「伊勢は非常に美しくよい国である。この国にとどまりたい」と、ヤマト姫に告げ、祠を建てさせた。それが伊勢神宮の始まりだ。

実はこの土地こそが猿田彦の子孫、大田命の持ち物だったのである。末裔とされる宇治土公《うじとこ》家は今も存続する。内宮の近くに建つ猿田彦神社の宮司をつとめるのは、現在も宇治土公姓なのである。

伊勢神宮は伊勢にある１２５の神社によって形成されている。内宮と外宮のふたつを正宮《しょうぐう》とし月讀宮《つきよみのみや》や瀧原宮、伊雑宮など別宮が14宮。ほか

に摂社43、末社24、所管社42を全部含めて伊勢神宮というのである。それは伊勢市にとどまらず度会郡大紀町、玉城町、度会町、志摩市、松阪市、鳥羽市、多気郡多気町の4市4町にまたがる。

しかし内宮にも徒歩で行ける猿田彦神社は、この中に属していない。はっきり申すなら、猿田彦神社は別格なのである。確かに今の広い伊勢神宮の地を提供した大地主の家柄なのである。五十鈴川の川上一帯の霊地を献上することで、伊勢の神宮が創建されたのだ。

宇治土公家は、その後伊勢神宮における玉串大内人《たまくしおおうちんど》という特殊な職掌に任ぜられ神宮に奉仕してゆくのである。猿田彦は家業繁栄、交通安全の神とされるが、ここにご祈禱してもらうなら迷わず「道ひらき」をお願いしよう。

自分にとって最も素晴らしい結果が出る道を教えてくれる。「あの人と結婚できますように」「この仕事に就きたいのでお願いします」と自分の中で決めてお願いしても、その道がその人にとって合っているのか。間違っていない場合だけしか、願い事は聞き入られない。だから間違っている人、運命の人ではない人と「結婚できますよ

猿田彦神社境内の佐瑠女神社で宮司の奥さんや神職の皆さんと

うに」ではなく、猿田彦大神に間違いのない道を開いていただかなければいけないのだ。

さらに猿田彦神社と向かい合うように、境内には佐瑠女《さるめ》神社がある。佐瑠女はウズメの神のこと。猿田彦の奥さんになったので、猿の女となった。サルメ＝ウズメは芸能や俳優の祖とされ敬われている。一流になる芸能人が、お伊勢参りとともに必ず参拝するのがこの神社なのである。

》神宮の地をアマテラスに献上した『猿田彦《さるたひこ》神社』、芸能人御用達の『佐瑠女《さるめ》神社』へ行きたい！

〈住所〉 〒516−0026 三重県伊勢市宇治浦田2−1−10

〈電話番号〉 0596−22−2554

〈こんなパワーを授けてくれる〉 何しろ人生すべてが「道ひらき」。自分の運命をすばらしい方向に導いてくれる。他人の幸せのために何か役立ちたいと感じることができたら、必ずその人には幸運が訪れる。そんな道ひらきを心いっぱい願おう。佐瑠女神社は芸能の神様。芸能の仕事についている人はもちろん、これから目指している人、さらにプロになるのではないが、芸術・美術などの腕を上げたい人も是非！

22 相撲発祥もこの時代だった!

令和元(2019)年に、新天皇最初の国賓として迎えられたアメリカのトランプ大統領。来日中には大相撲夏場所の千秋楽を観覧し、初優勝を果たした平幕力士・朝乃山にアメリカ政府特注の杯を土俵に上がって贈呈、やんやの喝采を浴びたが、なんと『書紀』によると角力《すもう》(相撲)の起源も垂仁天皇の時代にあるとされている。

垂仁7年7月に出雲の勇士だった野見宿禰《のみのすくね》に対して、剛力で知られていた大和の当麻邑《たいまむら》(葛城市當麻《たいま》)の蹴速《けはや》という人物に角力をとらせたとある。腰を踏み折られて蹴速は死に蹴速の土地は勝者の野見のものになった。両者が相撲を取った場所として伝わるのが桜井市穴師坐兵主神社《あなしにますひょうずじんじゃ》の摂社にある、その名も相撲神社だ。

鳥居があり小さな祠が立つが、土俵入りの像や四隅に木が植わった土俵に見立てた場所もあり、相撲神社の威厳を感じさせてくれる。昭和37(1962)年には当時の日本相撲協会の時津風理事長(元横綱双葉山)はじめ大鵬、柏戸の当時の両横綱、大関、幕内の全力士が参列して手数入《でずい》りが奉納されたこともある。相撲にかかわらず勝負ごとの必勝を期してお詣りするには、もってこいのパワーを発揮してくれる。

宮廷では両者の対決があった7月7日を相撲節会《せちえ》の日としているが、この日は蹶速の命日でもある。蹶速は、その剛力で人をも殺《あや》めてしまうほど恐れられていたのだろう。勝負をするなら命を落としても構わないというほどだった。

それまで相手になる人間がいなかったため、どんどんと蹶速は傲慢になり手に負えない男になっていった。蹶速の息の根を止めるために選ばれた男こそが、出雲の野見だったのだ。蹶速を負かすことができたのは、やはり出雲だったのである。出雲を敵には回せないという表われが、相撲発祥にこじつけられている気もする。現にこの時点から、野見は垂仁天皇に仕えることになるが、まるで強力な〝ご意見番〟のような地位を獲得することになる。

22 相撲発祥もこの時代だった!

国技発祥の地『相撲《すもう》神社』へ行きたい!

〈住所〉 〒633−0071 奈良県桜井市大字穴師

〈こんなパワーを授けてくれる〉 何ごとにも負けずに、我慢強く勝負強く生きていきたいと思っている人にいい。もちろん相撲だけではなくスポーツ全般に対するご利益がある。もう少し辛抱すれば必ず花が咲く……。そんな人たちにも力を与えてくれる。

野見の意見が通った一番の手柄に埴輪《はにわ》がある。

垂仁天皇28年に天皇の弟、倭彦命《やまとひこのみこと》が薨去《こうきょ》し、側近もまたことごとく生きたまま墓陵の境界に埋め立てられた。当時は死の世界まで供をする風習があったからだ。しかし、埋め立てられた者たちは数日経ても死なず、昼夜を問わず泣きわめいた。そのうちに死臭が漂うとカラスや犬が腐乱した肉をむさぼる。天皇は「生きているときに寵愛されていたとしても殉死させることは痛ましい。これに従う必要があるのか」と嘆いた。

その4年後には皇后のヒバス姫が亡くなる。「殉死させるのは良くないと知ったが、どうしたらよいものか」と思案していたところに、野見が出雲から土部《はにべ》100人を呼び寄せ人や馬などの物を埴土でこしらえて天皇に献上したのである。

「今後は土物《はに》を持って、陵墓に埋め亡き人と死後の世界までお供させましょう。これを後世のさだめとしてはいかがですか」。天皇はその意見に納得して、それまでの人の生き埋めの風習をなくし、土物を姫の墓に立てた。これが埴輪の始まりで野見を土《は》部職《じのつかさ》に任じ、その後の天皇の葬儀を司る土部連《はじのむらじ》へとなってゆく。垂仁天皇の名の意味は「仁に垂れる」、つまり「仁（情け深さ、いつくしみ）に垂れる」ということに由来する。「垂れる」は目上の者が目下の者に示したり、与えることだ。たとえば「教えを垂れる」などという使い方をするから、これは実にふさわしい名である。

そんな天皇が纏向宮《まきむくのみや》（桜井市巻野内）で崩御したのは、垂仁99（紀元70）年。『記紀』上で紀元前から紀元後をまたいだとされる天皇だということになる。

しかし行年140歳とあるから、こちらはやはり納得できない。70歳というのもかなり高齢ではあるが、このぐらいで計算しておきたい。ちなみに埴輪は古墳時代に作り始められたとされる土製の焼き物のことである。古墳時代は3世紀中頃から7世紀頃を指すのだから、垂仁天皇の時期も絞られてくる。

23 スーパー・ヒーロー、ヤマトタケルついに登場!!

垂仁天皇の跡を継いだのは、第12代天皇の景行《けいこう》天皇である。即位翌年の2年に山陰地方の有力豪族の娘、イナビ姫（播磨稲日大郎姫《はりまのいなびのおおいらつめ》）を皇后に迎え5人の子を作ったが、天皇はほかにも多くの妃を持ち、それぞれの妃たちとの間に記録に残るだけで21人、記録されていないものは59人、計80人の子供を持ったとされる。『古事記』にはその妃たちと子供の名前がズラリと列挙されている。

これだけ見ると、ちょっと色好みすぎるのでは？　となるが、実はこれまでの天皇の中で一番落ち着きがあり、皇様《おうさま》にふさわしい性質だったとある。自分であれこれ行動するよりも、指示して人を動かすタイプだったわけだ。

現に80人の中でイナビ姫との間のオウス（小碓皇子《おうすのみこ》）、またイリ姫（八坂入姫《やさかのいりひめ》）との子であるワカタラシ彦（若帯日子命《わかたらしひこのみこと》）とイオキ彦（五百木入日子命《いおきのいりひこのみこと》）の3人には日継《ひつぎ》の皇子（皇太子）の資格を持たせ、最終的に次の13代・成務《せいむ》天皇に即位するのはワカタラシ彦だったが、ほかの77人の子にも諸国の国 造《くにのみやつこ》や県主《あがたぬし》などの身分で領地を与え、天皇の基盤を磐石にしていった。

しかし景行天皇を語るとき、忘れられない存在がオウスなのである。オウスこそが、歴史のスーパー・ヒーロー、ヤマトタケル（日本武尊）なのである。オウスにはオオウス（大碓皇子《おおうすのみこ》）という双子の兄がいた。しかし弟・オウスは幼児期から性格が荒く、身の丈1丈もある大男だった。

明治時代の尺貫法からすれば、3メートルもの身長という計算になってしまうが、元々古代中国では1尺が約18センチだから1メートル80センチほどということになろうか。この時代としては恐ろしいほどの大男である。さらに「身の丈1丈の男」という使い方は、一般的に何センチの背丈というだけではなく、「見上げるような大きな男」とか「一人前の強い男」という意味を持っていた。つまりオウスは、大男にして

23

スーパー・ヒーロー、ヤマトタケルついに登場!!

一人前の男に成長していったということになるのだろう。

さてこれはまだヤマトタケルとよばれる以前の話だが、父である天皇が次なる妃として美濃國《みののくに》（岐阜県南部）のエヒメ（兄姫）、オトヒメ（弟姫）を召し上げるために、兄のオオウスに連れてくるよう命じた。ところがその姫二人を見たとたん、オオウスはあまりの美しさに自分のものにしようと横取りしてしまった。彼女たちに似た姉妹を父の元に送るが、すぐさま見抜かれ天皇はその代理の乙女たちを自分には近づけなかった。思い悩み、つらい日々を送る乙女たちの噂は宮中にも広がり、オオウスの耳にも入ることになる。横取りしたことがばれたことを悟ったオオウスは、うしろめたくなりすっかり天皇の前に顔を出さなくなった。

そこで天皇は弟のオウスに向かって、「おまえの兄は最近、大事な朝夕の食事の席にも出てこない。おまえから〝もっと礼節をわきまえろ〟と教え諭して、顔を出すように言いなさい」と申し付けた。「分かりました」。

しかし、それから5日経っても相変わらずオオウスは顔を出さない。そこで天皇は再びオウスに「この前、命じたことを兄に伝えたのか」と聞くと、「はい、確かに教え諭しました」と答えたが、天皇はその口ぶりに疑問を抱いた。

「どのように注意したのだ」と質《ただ》すと、「兄が夜明けに厠《かわや》へ行ったところを見計らい捕まえ、つかんで投げ飛ばし押さえつけて、手足をもぎ取って薦《こも》（むしろ）にくるんで投げ捨てました」と平然と話したのである。オウスは兄を殺していたのである。

　これに天皇は恐れをなし、災いの種を断つためにと、未だ天皇家を敵視している九州の豪族を征伐するようオウスに命じ、大和から追い出したのだ。しかしこれではまるで弟のほうも死んでしまえと言わんばかりだ。天皇を継ぐ第一候補の正妃の皇子を二人とも失うことになってしまうではないか。

「双子が生まれることを疎《うと》む」という発想は、実際昭和の時代まではびこっていたといわれ、片方を殺したり他家に出すことで、もう一方を丈夫に育てるという考え方は、あるにはあったようだ。と、なれば天皇ははじめから、いずれかの息子を殺害しようと計画していたかもしれない。

　新しい妃を寝取った息子に腹を立てていたわけだから、弟に向かって「諭せ」ではなく「殺せ」と命じていたのかもしれないし、反対に兄に弟殺害を企てさせていたか

23

スーパー・ヒーロー、ヤマトタケルついに登場!!

もしれない。結局は腕の立つ弟が勝利を収めた。いずれかが死ねば、それでよかったのだ。それならわざわざ生き残った弟まで死ぬかもしれない戦に出すだろうか？

皇位を継ぐ権利のない子どもたちは、ほかに77人もいるのだ。その誰かに戦闘命令を出せば事は済むはずだ。だが、おそらくそれはほかの誰かに頼んでも仕方がなかったのだ。戦の相手は、それほどまでに強かった。だから天皇は、オウスに恐怖心を抱いて戦に出したのではなく、強者を降参させるには「オウスしかいない！」と判断して戦いに挑ませたのだ。もしオウスが負けたなら、皇家もそれまで！　という気概だったのではなかろうか？　どうせ天皇の地位を手離すのなら、最後の砦ともいうべきオウスにすべてを託し、逆転劇を狙ったというほうが説得力はある。

オオウス亡きあと、オウスこそが次期天皇の最有力候補に違いなかったということだ。天皇はオウスに「西のほうにクマソ（熊《くま》襲《そ》武《たける》）という兄弟の賊がいる。自分たちの猛々しさをいいことに朝廷に服従しようとしない不届き者たちだ。だから智謀も武勇も人並み外れてまさっているおまえが征伐しなさい」と言っている。

やはり〝智謀も武勇も人並み外れてまさっている〟と、すでに息子を評価しているではないか。兄の手足をもぎ取るという表現では、オウスは凶暴な異常者でしかない。しかし血も涙もない冷酷人間だと、額面通りに受け取ることはできない。

なぜならこれは、オウスの超人的な能力や力量に対する単なる表現だと思われるからだ。だからこそヤマトタケルは、その後も日本一の男と讃《たた》えられているのだ。だからこそ、天皇になることがなかったにもかかわらず、『記紀』にここまでページを割かせているに違いない。

『日本書紀』には、天皇からオウスがクマソの元へ西征を命じられたのは16歳とある。九州に向かう途中、まずは伊勢神宮の斎宮である叔母のヤマト姫を訪ねている。軍旅の幸運を願ってもらうためだったのだろう。

天皇がオウス殺害を企てたためなら、アマテラスの大神に参拝に向かわせるはずはない。ここでヤマト姫は自分の衣装をオウスに「持ってゆくように」と授けている。これが後々、オウスの勝利のカギとなるのである。伊勢神宮内宮の別宮のひとつに倭姫宮《やまとひめのみや》がある。この辺りでオウスは、叔母から衣装を受け取ったということになるだろうか。

勝利のカギを授けてくれる『倭姫宮《やまとひめのみや》』へ行きたい!

〈住所〉〒516−0014 三重県伊勢市楠部町5
〈電話番号〉0596−24−1111
〈こんなパワーを授けてくれる〉伊勢までアマテラスをいざなった姫は責任感が強くやさしさに満ちあふれている。この宮では責任感ややさしい心を授けてくれるだけではなく、勝利するためのカギを与えてくれる。勝負といってもすべてにおける勝ち負けに対してである。人生すべて、仕事も恋愛も病気も賭け事も、どんな勝負にも解決のカギを与えてくれる。

オウスは部下を従えて無事に西へ進軍、クマソの地に到着した。ちょうど兄弟の館では新築祝いが行なわれようとしていた。いや『古事記』では兄弟なのだが、『書紀』には取石鹿文《とりしかや》こと川上梟師《かわかみたける》という一人の豪族がクマソタケルとされている。

その宴《うたげ》にオウスは少女の髪のように櫛《くし》で梳《す》き、垂らして結んで叔母からもらった衣装をまとって少女に変身して、女性たちに交じって家に入っていったという。

ちょっと待った！　ヤマトタケルは180センチ超えの大男ではなかったか。いくら少年と言えども、兄を殺すほど怪力なのだから筋骨隆々でなくてはならない。それがおかしなことにクマソはほかの美女たちに目もくれず少女に化けたオウスを、呼び寄せ隣に座らせて酒盛りし戯れて弄《まさぐ》り遊んだというのだ。戯れ弄るとなれば、それを女装した男であることを知っての行ないだと感じられる。背の高い美少年をはべらせたということになる。

実は古来、男たちは巫女の力にあやかるために女装をすることも少なくなかったとされる。つまり女性の霊力、とくにこの場合は呪力を持つヤマト姫、ひいてはアマテラスの霊力をも我が物にして女装している。と、なればやはり男と知って、川上のタケルは弄《もてあそ》んだということになる。

宴もたけなわ、オウスは服の衿《えり》を引き寄せ、懐《ふところ》から剣を取り出すと川上のタケルの胸を突き刺した。しかしいくら酔っていたとしても衿を引き寄せられて抵抗しないということは、体を密着させていたか、接吻と勘違いしたものか、どちらにしても弄り遊んでいた証拠といえよう。「胸を刺される」とは、「愛しい」と思っているという

23
スーパー・ヒーロー、ヤマトタケルついに登場!!

意味かもしれない。さらにその後、逃げ出すクマソを追いかけ階段の下で背中を捕まえ、剣を尻から突き刺したとある。尻から突き刺すというのも、どうも男色の匂いがなきにしも非ずだ。さらに「その剣を動かさないでくれ」と、叫ぶのだからますます妖しい。

川上のタケルは、「私は多くの者に会ったが、あなたのような人とはじめて会った。これからあなたをヤマトタケルノミコト（日本武尊）、日本一の男と称えましょう」と言っている。これまたちょっとひねって考えれば、まさに「愛の告白」ともとれる言い回しだ。それを言い終えるとオウスに突き刺された剣の痛みに耐えながら、川上のタケルはオウスの胸の中に抱かれたまま息を引き取る。なんとなく切なくなるような最期なのである。いや、幸せな最期だったのかもしれない。

川上タケルは、それまで服従しない人間はいないほどの強者だった。自分より強い少年に次の世を託したのか。これによって天皇家のふるさとである南九州の地は、クマソから皇家に戻されたということにもなる。

川上タケルが女装したオウスに殺された場所とされる洞窟が残る。鹿児島県新川渓《しんかわけい》谷《こく》温泉郷にそれはある。首領だったクマソの集会所、居住跡とも伝わり、狭い入口を抜けると中は百畳あまりの広い洞窟になっている。さらにその奥には広い三百畳ほどの洞窟もあるというが、現在は落盤のため見ることはできない。洞窟の磐《いわ》には、古代を思い起こさせるモダンアートが描かれている。

女装のオウスに殺されるクマソの居住跡『新川渓谷洞窟』へ行きたい！

〈住所〉〒899－4300 鹿児島県霧島市隼人町嘉例川

〈こんなパワーを授けてくれる〉今までの思いを爆発させて、次への道しるべを教えてくれる。BLファンだけではなく、許されない恋や禁断の恋？などに悩む人にも答えを知らしめてくれる。またすっぱりとあきらめたいときにもどうぞ。

クマソを制圧したヤマトタケルは、帰途出雲の平定に取りかかる。オオクニが作った160人の子供の後裔たちの〝出雲系〟は、どんどんその力を広げていたのだ。確

23
スーパー・ヒーロー、ヤマトタケルついに登場!!

かに160人の子供が親になり孫が生まれと考えれば、その勢力の広がりは、あっという間である。

そこでヤマトタケルは、直接大和へは帰らず、日本海側の出雲へと乗り込み出雲の主・出雲武（イヅモタケル）の元に出向いたのである。まず彼は何食わぬ顔でイヅモタケルに近づき、「今後ともよろしく」とばかり懇意となって、友の契りを結んだ。

数日後、ヤマトタケルはイヅモタケルを水浴びにと誘い、「太刀を交換しよう」と持ちかける。水浴びとなれば当然、裸。太刀は男根の隠語ともされる。裸になって太刀を交換とは何だ？　交換とは具体的にいえば「ギブ・アンド・テイク＝相互になんらかを与え合い、なんらかを得合う」原理。これは深い！　はたまたBL臭。これまたまるで愛の交換のようだ。全くヤマトタケルは人たらしだったのか？

油断していたイヅモタケルは友の証しにと、自分の太刀を渡し交換に応じた。だが、それはヤマトタケルが仕掛けた罠だった。腕比べを始めたが、イヅモタケルの刀は抜こうにも抜けない。その刀はヤマトタケルがこっそり造った木刀だったのである。イヅモタケルが慌てる間にヤマトタケルは、一刀のもと切り殺してしまう。出雲系との戦いにここで一度ケリがついたということになろうか。

こうして朝廷に従わなかった西方の者たちを、ひとりひとり征服しオウスは大和に帰還した。オウス・タケルの活躍がなければ、朝廷の全国統一はまだまだ先だったかもしれない。しかししばらくすると、今度は東方の鄙《ひな》の國が背き出した。鄙とは、「へんぴな」「いなかの」という意味だから、大和より遠く離れた北側の地域ということになる。

24 タケル、東国への旅路

江戸（東京）を含む関東は4世紀に大和王権の支配下にあったとされるが、それより北部となればまだ大和に反乱する者も多かったということか。世に言う蝦夷（エミシ）の反乱を鎮めるため、オウスは東国東征を開始したのだ。エミシは元は神武天皇の東征のときに滅ぼされた畿内の先住勢力とされ、その後関東から東北に移り住み、

24

タケル、東国への旅路

打倒の時を狙っていた。

タケルは再び軍を上げる前に伊勢神宮を拝している。叔母のヤマト姫の女の衣装の力でクマソ退治を成功させた。今度は「万一のときに」と「三種の神器」のひとつ、草薙剣《くさなぎのつるぎ》と袋を授かる。今回は最も男らしさを象徴する剣を受け取ったのである。

駿河國（静岡県中部）に到着したとき、その土地の賊が偽ってタケルに従っていた。「この野にはすばらしい大鹿がたくさんおります。どうぞ狩りをなさいませ」と言う言葉を信じ、タケルは野の中に入ってゆく。賊は「隙《すき》あらば殺そう」と考えていたので、そのまま野に火を放ったのだ。

タケルは騙されたことを知るが、即座に火打ち石を打って火を起こすと迎え火をつけ、剣で草を払い危難を脱出するのである。そのためにこの剣は「草薙剣」とよばれるようになったという。さらに迎え火で残すところなくこの地は焼かれ、賊軍たちも焼き殺したため、この地を「焼津《やきづ》」という。今の静岡県焼津《やいづ》のことである。

実は焼津地域は、地下に存在する天然ガスが埋蔵されており、一帯を焼け野原にするほど燃え続けたのは、ガスによる引火だったという見方ができるのだ。

焼津神社のタケル像

ヤマトタケルを祭神に、鳥居の横にタケルの像が立つのが焼津神社。この付近は古墳時代の集落跡、宮之《みやの》腰《こし》遺跡が存在し、古くから人々が居住していたことを証明している。第18代の反正《はんぜい》天皇の時代4年（409年）に創建され、延喜式の式内社としてもその名を見ることができる歴史ある神社だ。現存の建物は慶長8（1603）年、徳川家康の寄進で建てられたもの。

摂社のひとつに市杵島姫命《いちきしまひめのみこと》社があるが、ここの力も強い。ヤマトタケルが焼津に上陸した際、海の女神・イチキ姫を祀ったのが始まりとされ、実際はこれが焼津神社の前身だった。

静岡市清水区には草薙神社、すぐ北東方には同じく「くさなぎ」と読む久佐奈岐神社があり、この2社もヤマトタケルの火難伝説が伝わっている。

剣の名を「草薙」とすることになった地『焼津《やいず》神社』へ行きたい！

〈住所〉 〒425−0026 静岡県焼津市焼津2−7−2
〈電話番号〉 054−628−2444
〈こんなパワーを授けてくれる〉 燃え盛る炎のような情熱も一瞬で冷めてしまうことがある。情熱が過剰だったり不要だったりする場合、その炎が命取りになる。失敗である。ここでは何ごとも失敗がないように道を整えてくれる。草薙ということから農耕や食にも関係し、飲食店や料理人などにも力をくれる。

焼津を後に駿河から相模《さがみ》、そして上総《かみつふさ》へと向かうため、タケルは船に乗った。航海は順調だったが、「ああ、これは小さい海だ。跳び越えてでも渡ることができよう」と口走ってしまう。するとにわかに暴風が起こり、船は前へ進めなくなった。海神の怒りだ。焼津に着いたときには「神の御加護であろう」とイチキ姫を祀ったにもかかわらず、果たしてこの軽口はいかがなものか。多分こんなことだったのではないか。伊勢から遠州灘、太平洋の大海原を無事に航海して焼津に入ることができたのだから、今度は向こう側に陸が見える現在の東京湾の浦賀水道などは簡単に渡れるだろうという気持ちが、軽口になって出てしまったといったところなのだろう。しかし海の天気は分からない。急に崩れ出し、暴れ出したのである。

そのとき、タケルに付き従っていたタチバナ姫（弟橘媛《おとたちばなひめ》）が、「お許しを得るため、私が海に入りましょう」と、『さねさし　相模の小野に　燃ゆる火の　火中《ほなか》に立ちて　問ひし君はも』（あの燃えさかる野火の中でも私を気遣ってくれ、問いかけてくださったあなたよ）という歌を残し、自ら海の中に身を投げ暴れる海を鎮めたのである。俗に言う「人身御供《ひとみごくう》」である。

実際、これはナンセンスな話だとは片づけられない。医療が発達するまでは病気は鬼や神の業によって発症すると信じられていたし、自然現象を鎮めたり祟りを鎮めたりするには、供え物が必要であるという考え方は結構近代まであった。自分が身を投げることで海が鎮まるのならと、姫は海に身を投げたのである。エミシ征伐の旅は、女性の力で成し遂げられるのである。はたしてタチバナ姫のおかげか、海は鎮まり船は無事に岸まで着いた。その海を馳水《はしりみず》という。神奈川県横須賀市走水《はしりみず》に走水神社がある。

神社の言い伝えでは、ヤマトタケルがここから浦賀水道を渡る際、村人がタケルから与えられた冠を石櫃へ納め土中に埋めて祠を建てたのを始まりとしている。またタチバナ姫の櫛が数日後に海岸に流れ着いたため、村人は旗山崎《はたやまさき》（御所ヶ崎）に祠を建てて櫛を納めた。この社が姫を祀る橘神社である。

明治18（1885）年、旗山崎が軍用地になったため走水神社境内へ移され、その後、明治42（1909）年に合祀された。翌43（1910）年には、タチバナ姫の歌碑が東郷平八郎《とうごうへいはちろう》、乃木希典《のぎまれすけ》などによって、社殿裏手に立った。

社殿の階段下には姫の崇高な行ないにあやかり、航海の安全を願う「舵《かじ》の碑」が立っている。そこから急な石段を上ると、二人を祀る本殿。振り向くと一面の海。航海安全などのほか、この神社は女性らしさを高めるパワーにあふれる。古くから、夫や恋人のために命を燃やす、一途な女性になれる力が与えられると言われている。

女子力アップ！　姫が人身御供となった『走水《はしりみず》神社』へ行きたい！

〈住所〉　〒239−0811 神奈川県横須賀市走水2−12−5
〈電話番号〉　046−844−4122
〈こんなパワーを授けてくれる〉　好きな男性のために命まで投げ出す。これは死ぬという意味だけではない。死んだ気で男を支えるような可愛い女、女子力アップのパワーをいただける。男性は女性を一生大事にして、添い遂げようという気持ちが大きくなる。カップルで拝するのもよい。海の安全にもご利益あり。

東国へ向かったヤマトタケルは、陸奥國《みちのくのくに》に入り竹水門《たかのみなと》（宮城県七ヶ浜町湊浜あたり・多賀城市付近か？）に群れ集ったエミシ軍と決戦し、勝利を収めて帰途についた。日高見國《ひだかみのくに》から常陸を経て甲斐國の酒折宮《さかおりのみや》へ入るが、ここはヤマトタケルが行宮《あんぐう》として、しばらく滞在した場所である。
山梨県甲府市酒折には、そのままの名・酒折宮が残る。祭神は当然、ヤマトタケル。

24
タケル、東国への旅路

ここは連歌発祥の地としても知られる。滞在中のある夜、タケルが『新治《にいばり》　筑波《つくば》を過ぎて　幾夜か寝つる』（常陸國の新治や筑波を出て、ここまでに幾晩寝ただろうか）と、家臣たちに歌で問いかけた。重臣たちは誰も歌で返せなかったが、身分が低いひとりの火番をしていた老人が、『日々並《かがな》て　夜には九夜《ここのよ》　日には十日を』（指折り数えると九泊十日となるでしょう）ととっさで返した。二人で一首の和歌を詠んだため、ここが連歌発祥の地とよばれるようになったのだ。タケルはこの老人を褒めたたえ、のちに東國造に任命している。

酒折宮で一息ついたヤマトタケル一行だったが、信濃國《しなののくに》（長野県）と越國《こしのくに》（北陸）がまだ抵抗していると聞き向かうことになる。

甲斐から武蔵《むさし》、上野《かみのつけ》を廻り、碓日坂《うすひのさか》（碓氷峠）に向かう途中で、平安を祈りタケルがイザナギ、イザナミの二神を祀ったのが埼玉県秩父の三峯《みつみね》神社である。

標高1102メートルに鎮座するこの神社は、前著で「白い氣守」を紹介したあたりから異常な人気をよび、このお守りを配布する毎月朔日《ついたち》は車が長い列を作り渋滞、神社到着まで何時間も待たなければならないまでの事態になった。周囲からの苦情なども出て、現在はお守り配布は中断されているものの、山深い秩父の地に建つ幽玄な霧と雲海がたなびく「関東一のパワー・スポット」として訪れる人は多い。「もっとも天に近い神社」ともいわれ、修行の場という表現がぴったりな、今なお秘境の地なのである。

三つ鳥居をくぐり参道を登ると、巨大なタケルの銅像が出迎えてくれる。まるで「東国に幸あれ」とばかり手をかざしているようだ。

ここは動物界で一番徳が高いとされる狼が神の使いとされる。これを「御眷属《ごけんぞく》」という。通常、神社の狛犬は犬が相場だが、ここの神社は狼なのである。「大口真神《おおぐちのまがみ》」と崇拝されるが、険しい山道を歩くタケル一行をここまで導いて案内したのも狼だったという。まさに「狼=大神」なのである。

そんなこともあり、大神のパワーは並大抵ではない。その厳しい気は強い意志や志を持つ人にはいいが、ちょっと心身が弱っているときや迷いがあるときは、お参りしないほうが得策だと思われるほどの力である。真剣に詣り、大きな御神木で望みを願おう。きっと確実な道しるべを与えてくれる。

関東一のパワースポット！　ヤマトタケルが出迎える『三峯神社《みつみね》』へ行きたい！

〈住所〉　〒369－1902 埼玉県秩父市三峰298－1
〈電話番号〉　0494－55－0241
〈こんなパワーを授けてくれる〉　大きなことをやり遂げたいと真剣に思うとき、心を真っ白にして参拝すべし。気が強い場所だけに遊び半分や心身が弱っているときは遠慮したい。御神木に頭を付けてお願いすると、確実な道歩きの方法を知らしめてくれる。悪心邪心は、大神（狼）に食いちぎられてしまう。

神々に守られながら、ヤマトタケルは尾張國に戻った。そして尾張氏の娘のミヤズ姫（宮簀媛《みやずひめ》）を娶《めと》った。近江の胆吹山《いぶき》（滋賀県の伊吹山）に荒ぶる神（敵軍）がいると聞き戦いに向かう。ところがタケルは、「そんなものは素手で倒せるだろう」と、草薙剣を置いたまま山へと出掛けて行ってしまうのである。

山の神は大蛇に姿を変えて道に横たわっていたが、タケルは相手にもせず、それをまたいで前進した。神はその態度に怒り、大粒の雹《ひょう》を降らせた。ここにもまた蛇が出てくる。出雲のたとえに違いない。騙して惨殺したイヅモタケルの仕返しだったのだろう。しかし雹を降らせたというのは、どういうことだろうか？

直径5センチ以上もあるような巨大な雹は落下速度が100キロを超える。農作物や家屋、人間や動物に当たってもケガをしたり、当たりどころによっては死の危険性があるほど破壊力がある。まるで鉄砲で攻撃されるようなものだ。鉄砲の伝来はまだまだ先だが、たとえば山上からの石鉄砲作戦だったとしたら頷ける。石が頭上からどんどんと降ってきたら、隊は一気に崩れてしまう。これはまるで雹のようだ。

雨でも雪でもなく雹を降らせたと記されているのは、そんな意味ではないのか。

日本一の強者も投石攻撃には手も足も出なかった。タケルはすっかり衰弱し、やがて能褒野《のぼの》の地（三重県鈴鹿山脈の野登山あたり）であっけなく命を落としてしまうのである。三重県亀山市の能褒野《のぼの》陵《みさき》は、タケルの墓と治定《じじょう》されている。調査によればこれは4世紀末（古墳時代中期初頭）の築造だが、伝説ではその陵からタケルは、白鳥になって大和の國へと帰っていったという。棺を開くと屍《しかばね》はなくなっていた。

24

タケル、東国への旅路

白鳥を追い求めると、まず琴弾原《ことひきはら》（奈良県御所市富田）に留まったためそこにも陵を作った。しかしまた白鳥は飛び河内の古市邑《ふるいちむら》（大阪府羽曳野《はびきの》市軽里）に留まったので、そこにも陵ができた。この3つを白鳥陵《しらとりのみささぎ》と呼ぶ。最後に降り立った場所に建つのが大鳥神社である。和泉國一宮であるこの神社は、歴史的な由緒があり、地元では〝大社〟とよばれるほど崇敬されている。神域である千種森《ちぐさのもり》は約5万平方メートルの広大な森だが、これは白鳥が舞い降りたときに、一夜にして樹木が生い茂ったと言われている。

白鳥は天高く飛んでいった。ではこの「白鳥」とは何のたとえだったのだろう？

前出の垂仁天皇の皇子、ホムツワケも白鳥を見て言葉を発するようになった。白鳥は死者の魂とも神そのものとも、神の使いともされるが、その正体は何なのか？

大鳥大社がそうであるように「白鳥」は大きな鳥、鳳《おおとり》を指している。鳳といえば中国や朝鮮半島の氏族の名であり、特に慶州《けいしゅう》鳳氏は有名。

慶州は紀元前1世紀から10世紀に新羅王朝の首都として栄えた町だが、その東側は日本海に面している。「白鳥になる」は大陸へと羽ばたいたという意味ではないのか？

ホムワツケの白鳥捕獲は出雲であり、ヤマトタケルを死に追いやったのも蛇だから出雲と解すことができる。白鳥は渡り鳥である。出雲で捕獲はされたが、次に海を渡り羽を休める場となれば、鳳氏の地、朝鮮半島だと考えられるのである。出雲がある島根県は、たびたび問題が起こる竹島がある場所でもある。

≫白鳥タケルが最後に降り立った『大鳥大社《おおとりたいしゃ》』へ行きたい！

〈住所〉〒593−8328 大阪府堺市西区鳳北町1−1−2

〈電話番号〉072−262−0040

〈こんなパワーを授けてくれる〉紆余曲折があっても最後にすばらしい答えが待っている。そのためにはどうやって、進んでいくべきかという基本的なことを知らせてくれる。純粋無垢な真っ白い心を取り戻すことができたり、目標に向かって大きく羽ばたくのに必要なこととは何かを諭してくれる。

タケルの頼りの剣は、家に置いたままだった。その草薙剣を未亡人・ミヤズ姫はそ

24
タケル、東国への旅路

の後、奉斎鎮守する。そのために建立されたのが名古屋の熱田《あつた》神宮である。草薙剣の御霊《みたま》が祭神である。「剣＝武勇」とされ尾張、三河が輩出した天下の三武将、織田信長、豊臣秀吉、徳川家康が篤く崇拝した神社でもある。「武運長久の神」として、真剣勝負を祈るとき訪れる人は今も多い。

そんなスーパースター、ヤマトタケルを先に亡くした17年後に、父である第12代景行天皇は高穴穂宮にて景行60（130）年に崩御する。時に御年106歳、一説には143歳、『古事記』では137歳とされている。『書紀』に即せば53歳（？）、『古事記』でいけば69歳（？）というところか。山辺道上陵《やまのべのみちのかみのみささき》に葬られたという。

≫草薙剣が奉られる勝負の神、美人にもなれる『熱田神宮《あつたじんぐう》』へ行きたい！

〈住所〉　〒456－8585 愛知県名古屋市熱田区神宮1－1－1
〈電話番号〉　052－671－4151
〈こんなパワーを授けてくれる〉　思い悩んでいること、困難なときにぶつかったとき、スパッと道を邪魔しているものをそぎ落としてくれる。ここ一番の勝負のときには剣の力が発揮される。本殿後ろにある楊貴妃の墓とされる水を顔につけると美人になるといわれる。お試しあれ！

第13代の成務《せいむ》天皇は、景行天皇の第4子でヤマトタケルの異母弟だ。成務天皇3（133）年には大臣《おおおみ》の制度を創設、初代大臣として武内宿禰《たけうちすくね》を迎えている。大臣とは国家の最高執政官、現代の首相的な立場の人間だと思えばいい。天皇家の血筋だけではなく有力な豪族たちが皇室を補佐し、政治に参加する形をとることになる最初だ。

武内の働きもありこの時代に國《くに》や郡《こおり》に造長《みやつこおさ》を立て、県《あがた》や邑《むら》に稲置《いなき》を置いた。稲置とは今で言うなら県知事、町長、村長といった職名だ。さらに山や川を境にして国や県を分け、縦横の道に従って邑里《むら》を定めた。いわば中央集権の組織作りと行政制度を手掛けた〝実務派〟天皇だった。

都は志賀高穴穂（滋賀県大津市穴太）とされる。異母兄のヤマトタケルにはたくさんの話が残されているにもかかわらず、成務天皇はほかの天皇に比べても極端にエピソードが乏しい。実際はタケルが天皇をつとめた時期があったのではないかとも言われているほどだ。成務が亡くなるのは成務60（190）年6月11日。107歳の長命だったとされるが、こちらも54歳といったところが妥当。

25 神功皇后、身重を押して三韓征伐に!?

成務天皇に次ぐ14代が仲哀《ちゅうあい》天皇。この天皇はヤマトタケルの息子のナカツヒコ

(足仲彦《たらしなかつひこ》)のことである。叔父に当たる成務天皇には子がなく、成務の兄のタケルの子が皇太子となり皇家を継いだのだ。

仲哀天皇は元(192)年正月に即位し、翌193年にタラシ姫(気長足姫尊《おきながたらしひめのみこと》)、つまり神功《じんぐう》皇后を妃に迎えた。仲哀天皇の項はもっぱらこの皇后の逸話で伝えられる。自ら朝鮮半島に赴いた「三韓征伐」で知られる皇后である。

天皇一行が九州筑紫の橿日宮《かしひのみや》で大臣の武内宿禰らと、再叛《さいはん》したクマソ征伐を協議していたとき、皇后が突然神懸かりした。皇后にはこうしたシャーマン的要素が見られるため、「卑弥呼が神功皇后ではないか」ともされるのかもしれない。

神懸かりと同時に天皇は琴を弾き始めた。琴は神を降臨させる力があるとされていたからだ。すると「西方に国がある。そこには金銀財宝があふれている。その国(新羅国)を帰服せよ」と言う。クマソなどは放っておいていいから先に新羅へ向かえと口にしているのだ。これを聞いた天皇は、「西には海はあっても国はない」と、神託を信じないばかりか偽りをなす神だと決めつけ、聞き入れなかった。すると神懸かった皇后は、「おまえのような者に国を統治する資格はない。おまえはまっすぐ黄泉《よみ》の国へ向かうがよい」と怒った。

武内は慌てて天皇を諌《いさ》め、琴を弾き続けるようにとりなす。天皇は渋々琴を再び弾き始めたが、やがてぱたりと音が止んだ。天皇は事切れていたのである。在位9年にして52歳で没するとされているが、これも26歳（？）での若死にという計算にしておく。現に皇后のお腹には子どもを授かっていたということだから、52歳の父親というよりは26歳であるほうがより現実的だ。

この場所、橿日宮が今の香椎宮《かしいぐう》である。仲哀天皇と神功皇后の夫婦が祀られる。本殿から北東方に所在するのが古宮で、ここが橿日宮の伝承地となっている。仲哀天皇の廟跡と伝えられ、玉垣内には天皇の棺を掛けたという神木の「香椎」（棺掛椎《かんかけのしい》）が立つ。さらに摂社として、武内のスクネを祭神とする、武内神社がある。香椎宮を訪ねたら、参道を歩いているときであっても本宮に立ったときでも、参拝途中であっても、考えたことや思い浮かんだことは、信託と信じ前に進むとそのとおりになる。これが〝浮かび〟とよばれるものである。

天皇が亡くなり、三韓征伐の信託を受けた『香《か》椎《しい》宮《ぐう》』へ行きたい！

〈住所〉 〒813−0011 福岡県福岡市東区香椎4−16−1
〈電話番号〉 092−681−1001
〈こんなパワーを授けてくれる〉 本殿には雅な気がゆっくりと漂う。実に爽やかですがすがしい気を感じることができる。参拝中の〝浮かび〟（頭に浮かんだもの）がその後、そのとおりになってゆく。古宮にも足を運ぶことを忘れずに。

しかしだ。いくら神託に逆らって罰《ばち》が当たったと言ってもこの天皇の突然死は若干なりとも疑いを抱きたくなる。心筋梗塞か？　はたまた暗殺だったのではないか？　という疑惑もそれこそ浮かんでくる。

神功皇后は神託を口にする巫女《みこ》だが、うわごとのように発する言葉を聞き出し、その言葉を理解し分かりやすく訳して伝える役目があった。「審神者《さにわ》」とよばれる者だ。このときの審神者は武内のスクネだった。と、なれば俄然スクネに疑いがかかる。

25

神功皇后、身重を押して三韓征伐に!?

実際、翻訳して言葉にするとき、それを捻《ね》じ曲げることも不可能ではないからだ。スクネは天皇がその場で倒れ込んでいるにもかかわらず、皇后に次の神託を請い、スクネは「皇后の腹の中の男子がこの国を支配する」と断言するのだ。一方の皇后はこの神託に従い軍を整え男の髪型の鬢《みずら》に結い、神々を祀ってから海を渡るのである。

新羅遠征の帰路に陣痛が起きたが、石を裳に結わえ腰を押さえつけて出産を遅らせ筑紫國に戻ってから出産したとされる。まさに神業。この話も謎解きの必要がある。『日本書紀』に従えば仲哀天皇が橿日宮（香椎宮）で突然死するのが、天皇9（200）年の2月6日。新羅行きの船舶を集め兵士の訓練に入るのは9月10日と記される。2月6日の段階で子が身籠っているということが判明しているのだから、通常で考えればこの時期が妊娠3カ月目あたりということだろうか？　と、なれば兵士の訓練時がちょうど臨月に当たる。実際、「臨月であった」ということも、もっともらしく『書紀』には書かれている。

だから臨月の身重の体を押して新羅へと出発してゆくのだ。実際にはこれはおかしな話だ。現代のような船舶技術はない、まして今のように数時間で到着するわけではない。風向きも考慮しなければならない。現に壱岐島《いき》では風待ちをするための行宮《あんぐう》が建てられ、天候がよくなるまで待機している。やっと航行に適した風が吹いてきたので、10月になって対馬の和珥津（鰐浦）を出発したと記されているのだ。

壱岐での行宮跡が聖母宮《しょうもぐう》である。聖母・マリアを思い浮かべるような名前だが、神功皇后こそが聖母であるということだろう。そんなことから、実際はこの場所ですでに子供が生まれたのではないか？　とも思われるのだ。

聖母宮の主祭神はもちろん皇后と亡き仲哀天皇。そこに「海の神」「航海の神」の住吉三神が加わる。住吉三神は住吉大社（大阪市）に祀られる上筒男尊《うわつつのおのみこと》、仲筒男尊《なかつつのおのみこと》、底筒男尊《そこつつのおのみこと》のことだ。新羅までの航行に尽力した海の強者たちをさしているのだろう。

聖母宮は、「安産の神」であり「勝利必勝の神」である。神功皇后が風待ちの間、乗馬したときの馬の足跡と伝わる「馬蹄石」なども残るロマンあふれる潮風が匂う場所だが、出産間近の皇后が馬に乗っていたというのも、いささか首をひねるところだ。それでも豊臣秀吉が朝鮮出兵の際にも聖母宮は風待ちの場として使われていたようだ。

実際に加藤清正《かとうきよまさ》から奉納されたという正門が残り、神社周囲にはそのとき使われた石垣も残されている。それもまた歴史を感じさせ感動的なのである。

≫三韓征伐に向かう際、風待ちをした行宮『聖母宮《しょうもぐう》』へ行きたい!

〈住所〉〒811−5501　長崎県壱岐市勝本町勝本浦554−2
〈電話番号〉0920−42−0914
〈こんなパワーを授けてくれる〉壱岐島の時が止まったようなゆったりとした気があふれる。安産や航海の神であることには違いないが、ここはチャンスの時期、成功するタイミングを「待て!」と指示してくれる。さらに成功への追い風を与えてくれる。ちょっと時間を作って自分をリセットしたい人にはおススメ!

さて新羅へと向かったとき、神功皇后は臨月を通り越していた計算になるが、それにもかかわらず、身重の体を押して彼女は勇壮に船に乗り、揺られながらも新羅へと向かった。船に四六時中揺られるのだから、出産が早まっても遅れることはまずない。

しかし新羅に着いたとたん、またたく間に敵陣を征伐してしまう。さらにその勢いに怖れおののいた高麗《こま》（高句麗）と百済《くだら》の2国も「到底勝ち目はない」と悟り、降伏してきたというのだ。これも疑問がある。

何よりも早すぎる征伐である。これ以上、出産を遅らせることができないと判断したのだろうか？　まるで戦わずして話し合いで事が済んだみたいだ。戦闘開始以前に話がついていたというほうが自然である。しかし、話し合いといっても言葉が通じないはずだ。いやいや神功皇后、または皇后の側近は朝鮮語を操れたのではないか？

神功皇后の家系はヒボコ（天日槍《あめのひぼこ》）の後裔だ。ヒボコ？『日本書紀』10代天皇、垂仁紀の中にこの名は出てくる。そこには「新羅の王の子である天日槍が来た」とあるのだ。神功皇后は韓国からやってきた自分の先祖の国へ天皇亡きあと、実質上の天皇として出向いていたということになるのだ。征伐に行ったのではなく、本当の目的は友好条約の締結だったのではないのか。故郷に錦を飾ったのではないだろうか。

ヒボコは新羅から日本に着いたとき、数々の神宝を携えてきたとされる。これが神託の「金銀財宝の国、新羅へ向かえ！」に一致したのだろう。その神宝を納めた場所というのが、但馬國《たじまのくに》一宮である式内社、出石《いずし》神社（兵庫県豊岡市）である。

友好条約の締結だけならば、すぐに日本に帰ることはできる。皇后は石を腹に押し付けながら帰りの船路を急ぎ、筑紫に着いた12月14日に子を出産した。しかし単純に計算してみても、この赤ん坊は13カ月間もお腹の中にいたことになる。いくら出産が遅れたとしても、ちょっとあり得ない話だ。だからこそ「仲哀天皇が実際の父親ではなかったのではないか」という疑問がわくのだ。12月に生まれるのなら通常でいけば、皇后が身籠った時期は早くても3月初旬でなければいけない。しかしその時点で仲哀天皇は亡くなっているのだ。父親候補としてここでも武内のスクネが最有力候補に上がってくるが、なんと船路を共にしたと言う〝海の強者〟住吉三神が祀られる住吉大社の伝承記『住吉大社神代記』に、ちょっと不可解な文章が残されているのだ。

「この夜に天皇忽《たちまち》に病発《やまいおこ》りて以《もっ》て崩《かむさ》りましぬ」。これは仲哀天皇の崩御を書いている。問題はそのあと。「是《これ》に后、大神と密事《むつびごと》あり」。密事とは男女間の契りを指す。と、なれば腹の子の父は住吉の神だった？　亡くなったその日に契りを結んだというのもどうかと思われるが、天皇が亡くなって間もなくして住吉の海神と契りを結んだということになれば、これも頷けないわけではない。

住吉三神は大坂の住江（住之江）の豪族の氏神であるが、朝鮮や中国との貿易が盛んになると、貿易港として栄え大和朝廷に取り立てられているのだ。『書紀』では、この地域の豪族だった津守氏は朝鮮の百済、高句麗や中国の唐にまで派遣されている。後々遣唐使、遣隋使はこの神社で祈禱したあとに住吉の港を発つことになるのである。だからこそ新羅へ行くときも、海路を共にしたのだ。しかしながら、いくら仲哀天皇の妃とはいってもこれでは、神武以降脈々と続いた天皇家の血筋が絶えてしまうではないか。

生まれた子がのちの15代・應神《おうじん》天皇である。彼の実績を見ると、百済との国交や渡来系士族の取り入れなどが大きく取り上げられている。土木や養蚕、機織などの大陸からの技術輸入はみな應神の時代なのである。さらに應神の御代には百済から馬2頭が献上されている。元来、日本には馬はいなかったから、ここが日本の馬の歴史のスタートということになるが、これを「騎馬民族による日本征服」という説を立てたのが、考古学者で東京大学名誉教授の江上波夫《えがみなみお》氏だった。「騎馬民族征服王朝説」であ

25
神功皇后、身重を押して三韓征伐に!?

る。騎馬民族がこの時代以降日本の王者の座を担うという説だ。

これによれば弥生時代の農耕民族である日本民族と、統一国家の大和朝廷の日本国家は、別物であるという。4世紀から5世紀に満洲・松花江《しょうかこう》の平原に端を発する扶《ふ》余《よ》系の騎馬民族は、朝鮮半島南部を支配していた東北ユーラシア系の騎馬民族を征服し、加羅（任那《みまな》）を基地とし対馬・壱岐を経由し九州に入ったとする。そこから徐々に東征を始め大和地方の王朝を支配、または共に力を合わせることにより、大和朝廷というものを立ちあげたとするのだ。確かに秦氏や漢氏の渡来もこの時期と重なってはいる。百済からすぐれた学者を召致したことも書かれている。それが王仁《わに》（和迩吉《わにき》師《し》）である。

ワニ？　ワニといえば、初代天皇の祖母、母がワニ族だったはずだ。昭和61（1986）年に発見された吉野ヶ里丘陵（佐賀県）は、弥生時代の大規模な集落跡でここに渡来人が暮らしたとされる。こうした大陸とのつながりが、應神時代に急速に記されていることは、應神と朝鮮半島との深い関係の表われである。

もしや王仁（和迩＝わに）が登場するこの時代にこそ初代・神武天皇が誕生したの

ではないか？　実際には「神武＝應神」の図式も考えられてくる。

應神は12代景行天皇の曾孫、仲姫《なかひめ》を娶ることにより、入婿のような形で王朝を継いでいる。それまでの血筋が変わる「新王朝説の創始者」とも言えるのだ。こうなると「騎馬民族征服王朝説」も、あながち全くのでたらめとは言いきれなくなってくるから面白い。

現に14代・仲哀天皇から15代・應神天皇の即位までには70年もの空白が生じる。「半年が1年説」に従っても35年の空白だ。神武天皇○年、仲哀天皇○年というように天皇時代はその天皇の名で元号化されているが、ここからの70年あまりは摂政○年と記される。つまり天皇が亡くなった翌年、神功皇后が前天皇の妃として、摂政に就いて政治をしていたということになる。神功皇后ではなく、実際には神功天皇時代が少なくとも35年存在していたと思っていいのだ。

應神天皇の父親候補のひとり（？）武内宿禰は、第12代天皇の景行から13代成務、14代仲哀、70年在位の神功皇后、そして続く15代天皇・應神、さらに16代の仁徳《にんとく》各天皇に仕えたという。没した年齢は３６０歳とされたり２９５歳、３１２歳などなど

「2倍年暦」を使ったところで、あり得ない年齢に達している。知識が広く知恵に優れ、さらに神事を司る能力もあり戦前までの紙幣の図案には、明治22年から昭和20年まで白い髭をたくわえた武内の肖像が5回も採用されている。

武内宿禰が描かれた五円紙幣

スクネ（宿禰）とは大臣の役職名をさすから、「武内大臣」「武内首相」という記され方だと思えばいい。で、あれば父もまた「武内大臣」であり、兄や弟、息子や孫であっても「武内大臣」という呼ばれ方はしていたはずだ。実際、子孫とされる葛城氏、平群氏、蘇我氏、巨勢氏らはいずれも大臣になっている。それらの功績がひとりに集約されたと考えれば、360歳の長寿の謎は解ける。いわゆる武内家代々が12代から16代までの天皇に仕えていたとすれば、これは問題解決である。

ところがどの記録にも仁徳55（367）年に武内

は亡くなったとされている。すなわちこの時期に武内家の大臣の治世に幕が引かれたということなのだろう。『因幡国風土記』には建内宿禰（武内ではなく建内という名になっている）は、宇部山の亀金岡に履き物を残して世を去ったとの一節がある。

スクネを祭神とする鳥取県宇倍《うべ》神社の本殿裏には、双履石《そうりせき》とよばれる磐座が残る。地下1・2メートルの場所から竪穴式石室が発見され、これが古墳時代の円墳（前方後円墳）の一部と判明したのである。

上記の五円紙幣、武内の隣に描かれる建物が宇倍神社。紙幣にはじめて神社が印刷されたことから、「金運財宝の神」とも、武内が祭神であることから「長寿の神」ともされている。

武内宿禰《たけうちのすくね》、終焉の場所『宇倍《うべ》神社』へ行きたい！

〈住所〉〒６８０－０１５１ 鳥取県鳥取市国府町宮下６５１
〈電話番号〉０８５７－22－５０２５
〈こんなパワーを授けてくれる〉成功させるための影の立役者として、いいアイディアを出す働きが認められ、最終的には大きな実績になる。病気知らず、元気な生涯を送りたいという願いも聞き届けられる。どんなことをするにも健康第一なのである。

26 八幡様になった天皇

神功皇后が亡くなったのは、摂政69（２６９）年。享年は１００歳とされるから「2倍年暦」に即せば50歳で没したことになる。そんな神功皇后とともに應神天皇は後世になって八幡神とされた。『記紀』に八幡神は登場しないが、全国4万以上あるのは八幡様なのである。その全国八幡宮の総本山の宇佐《うさ》神宮の社伝『八幡宇佐宮御託宣集』には、こうある。

欽明《きんめい》天皇32(571)年1月1日に宇佐に地霊が現われ、「我は誉田天皇広幡麻呂《ほむたのすめらみこと》なり」と告げた(誉田天皇は應神天皇の和風諡号)。ここから「八幡神＝應神天皇」とみなされるようになったのだ。

宇佐神宮は3つの神が横並びに祀られている。左手の一之御殿が八幡大神。すなわち應神天皇で、左手の三之御殿には母の神功皇后。中央の二之御殿の神は、比賣大神《ひめのおおかみ》とされ、宗像《むなかた》大社の三女神(多岐津《たきつ》姫、市杵島《いちきしま》姫、多紀理《たぎり》姫)と言われるが、どうも違うのではないかと、古くから地元では囁かれている。

邪馬台国が宇佐にあり、この姫こそ卑弥呼だという説がある一方で、地主神の姫、御許山《おもとさん》で水を司る山の神だったという説にも説得力を感じる。

宇佐神宮を参る。ここは日本でも珍しい二礼四拍手一礼の神社なのである。四拍手する神社は出雲大社や新潟の彌彦《いやひこ》神社など数えるほどしかない。東西南北の四隅を祓うためとか、日本特有の四季の神をよぶため、または日本以外の神を祀っているからなど諸説あるものの、四拍手の本当の意味は分からない。

宇佐神宮本殿の3つの宮が並ぶ上宮に行ったときのことだ。大元神社がある御許山が覗けるという囲い窓があった。「ああここそが奥宮。ここそが宇佐神宮の元宮に違いない」と直感して、頂上までレンタカーを走らせた。もちろん歩いて登山も可能だ。

宇佐神宮の奥宮。大元神社のパワーは絶大

大元神社の近くまで車を走らせたが、車を降りたとたん全く違った「氣」を全身に感じた。「やっぱり、ここだ」。奥宮の前には「神域」の立て看板。謎解きやら真実の姿など考えることなどできないほどのパワーだ。一緒にそこまで運転していたマネージャーは、近くまで到着したのに「これ以上はいい」と車の中から出ることもしなかった。いや、できなかったのである。これぞ！　まさしく神が息づく場所だと感じさせてくれた場所だったのだ。

≫応神天皇が祀られた八幡の総社『宇佐《うさ》神宮』へ行きたい！

〈住所〉〒872－0102 大分県宇佐市南宇佐2859
〈電話番号〉0978－37－0001
〈こんなパワーを授けてくれる〉御神木の大楠は大願を聞き入れてくれる。上宮外宮ともひとつずつ丁寧に拝むことで、今悩んでいる自分が今後進むべき道を教えてくれる。窓からのぞいて遥拝するだけでも力強いパワーをいただける奥宮には是非に。自分が変化したことが分かる！

八幡神として有名になる応神天皇は、41（310）年2月15日に宮である軽島豊《かるしまのとよ》明宮《あきらのみや》（橿原市大軽町）で崩御したとある。春日神社の中に宮跡の碑が立つが、ここで110年の生涯を閉じた。これも55歳と考えたほうが自然だ。陵は全長約420メートル。現在の大阪府羽曳野市誉田にある恵我藻《えがのも》伏岡陵《ふしのおかのみささぎ》で誉田御廟山古墳《ごんだごびょうやまこふん》ともよばれる。次代の仁徳《にんとく》天皇陵に次ぐ最大級の前方後円墳で、当時の朝廷の権勢を物語るものといえそうだ。

27 世界遺産、仁徳天皇陵……仁徳はどんな天皇だった？

さあ仁徳天皇の時代である。令和になって世界遺産登録が決まり、見物客でにぎわう仁徳天皇陵。あまりに大きくて全体像を見ることができないため、がっかりしている人も多いと聞くが、理想的君主として古代史上最も有名な天皇であることは確かである。果たしてどんな天皇として『記紀』には描かれているのか？

有名な「民《たみ》の竈《かまど》」の天皇である。難波の高津宮《たかつのみや》（大阪城南方の地）に都を定めた天皇はある日、高楼《たかどの》から国を見下ろしていたが、夕餉刻《ゆうげどき》になっても一向に煙が立たない。それは民たちが貧しく、飯を炊くことさえままならなかったからだ。それを知った天皇は「今後3年、民からのすべての課税を免除し民の苦しみを癒せ」と命じ、その日以来自分自身も着物や履物を新調せず、食べる物も腐るまで変えなかった。宮垣が崩れても、屋根が破損して雨漏りがひどくても造り直さなかった。

決して奢《おご》らず自らに厳しく、倹約を心がけた政治を行なったことで、3年後人民は豊かになった。再び高楼に上った天皇は、炊飯の煙が豊かに立ち上るのを確認した。

「朕《ちん》はすでに富んだ。実に喜ばしい限りだ」。すると皇后のイワノ姫（磐之媛命《いわのひめのみこと》）は、「宮の修理さえできず、どうして富んだと言えましょう」と言った。それに対し「政《まつりごと》は民のためにある。民貧しきはわが貧しきなり、民が富めば吾《われ》もまた富む」と答えたとされる。「聖帝」とよばれるにふさわしい人徳。まさに「仁徳」の名が天皇の生き方を表している。

前15代に引き続き、この御代もまた外交が積極的に進められ、渡来人も多く帰化、大陸からの先進技術がどんどんと伝えられた。天皇は河内平野の水害を防ぎ開発するため、難波の堀江を開削し茨田堤《まむたのつつみ》（大阪府寝屋川市付近）の築造を行なったが、これが日本最初の大規模な土木事業、治水工事だったとされる。

そんな一方で好色で皇后に嫉妬されるという、実に人間くさい一面も描かれている。

27

世界遺産、仁徳天皇陵……仁徳はどんな天皇だった？

天皇には妃が10人、子も26人あったとされるが、どんどんと後宮として何人もの女性が入ってくるのを見て本妻・イワノ姫は嫉妬心をたぎらせる。イワノ姫は武内スクネの孫で皇族外の身分から皇后になったはじめての例だった。

美人として評判だった吉備國の黒姫《くろひめ》は、吉備水軍の長、海部直《あまべのあたい》の娘である。天皇が次なる女性として黒姫を娶ったのを聞き皇后は、天皇から贈られた装飾品などを叩き割るほどの錯乱状態に陥った。妃の執拗ないじめに耐えきれず、吉備へと逃げ帰る黒姫だがイワノ姫はその途中、船から無理やり黒姫を下ろし、難波から里までの長い距離を歩いて帰らせたというほどである。それでも天皇は会いたい一心で「淡路島に狩りに出かける」と嘘をつき、会いに行ったというロマンスが語られている。

仁徳天皇30（342）年には皇后が遊びに出たすきに、天皇の異母妹のヤタノ姫（八田皇女《やたのひめみこ》）を宮中に入れたことが発覚し激怒され、とうとう浮気な亭主に愛想をつかして山城筒城宮《やましろのつつきのみや》に移り、5年後にその地で妃は没したという。ヤタノ姫はイワノ姫逝去後3年経って、正后として迎えられるが、その2年後には新皇后の同母妹であるメドリ姫（雌鳥皇女《めどりのひめみこ》）をも妃に迎え入れようとする。なんとも女好きに描かれているが、当時は一夫多妻の時代。さらに皇家ともなればその後継ぎ問題にもかかわってくるから、ただただ好色な天皇として片づけるわけにはいかない。それが却って庶民に親しみやすさを与えたのか、後々まで理想的君主として語られていったのだろう。民のことをいつも忘れぬ〝恋多き天皇〟は、仁徳天皇87（399）年1月16日、142歳（71歳?）で生涯を閉じる。その天皇陵が世界遺産に登録された大阪府堺市にある百舌鳥耳原中陵《もずのみみはらのなかのみささぎ》なのである。大仙陵《だいせんりょう》古墳《こふん》とも大山古墳《だいせんこふん》ともよばれている。

世界遺産登録前年の平成30（2018）年の調査結果で墳丘の長さ525メートル、後円部286・33メートル、前方部幅347メートルであることが発表され、日本一の前方後円墳ということが判明した。

さて百舌鳥耳原の名前の由来として、『記紀』にはこんなことが書き加えられている。墓造営中に野から鹿が走り込んできて急に倒れて死んだので、その傷を探ってみると鹿の耳の中から百舌鳥（モズ）が現れ飛び去った。そこから地名を、百舌鳥耳原と名づけたという。モズは大阪府の府鳥で堺市の市の鳥でもあるが、漢字では〝百舌〟と書く。たくさんの鳥の声の真似が得意だからだ。そうした声で、ほかの鳥を脅《おど》

27

世界遺産、仁徳天皇陵……仁徳はどんな天皇だった？

したりするという。鹿は神の使いともされる。

たとえば鹿を天皇にたとえてみれば、脅《おびや》かす声が天皇の耳に入りそれにより死に至ったとでもいうのか？　それはイワノ姫の怨霊か？　何か気がかりなことが耳に入ったにもかかわらず、それを解決せぬまま心残りがあるまま亡くなっていったのか。

次代天皇の皇位争いが気がかりの種だったのかもしれないが、まあまずは今がブームの仁徳天皇陵を訪ねてみよう！

≫民を愛した〝恋多き天皇〟の墓『百舌鳥《もずの》耳原中陵《みみはらのなかのみささぎ》』へ行きたい！

〈住所〉　〒590−0035 大阪府堺市堺区大仙町7−1

〈電話番号〉　072−245−6263

〈こんなパワーを授けてくれる〉　人を思いやる気持ち、何かをやってあげたい……。無償の愛はすべて自分に帰ってくる。そんな人生を送りたいと思う人たちにはこの御陵のパワーが自然と受け入れられ、周囲の人気者になれる。

28 女の取り合いでもめる!?

〝聖帝〟仁徳天皇の崩御後、気がかりだった皇位継承争いがやはり勃発した。結局はイワノ姫との長男・イザホワケ（大兄去來穂別尊《おおえいざほわけのみこと》）が第17代目の履中《りちゅう》天皇となるが、すぐ下の弟のスミノエノナカツ（墨江之中津皇子《すみのえのなかつのみこ》）が兄を殺そうとして宮に放火したのだ。履中天皇は命からがら石上《いそのかみ》神宮まで逃げるが、その下の弟・ミズハワケ（水歯別命《みずはわけのみこと》）が馳せ参じ、スミノエを倒した。この兄弟同士の争いの発端が、父の血を継いでしまったのか、女の取り合いだった。父の悩みはここにあったのか。

その女の名を黒媛という。えっ？　黒姫と言えば、父が愛した吉備津の姫と同じ名ではないか。いや、名こそ同じだがこちらの黒媛は別人。葛城葦田のスクネの娘だが履中と婚礼のために、弟のスミノエは姫を迎えにいった。そこでスミノエは彼女にひとめ惚れしてしまい、兄嫁になる姫を犯してしまうのだ。兄を亡き者として、自分の愛妃に迎えたいと目論んだのが兄の耳に入り、弟のミズハワケに殺されたのだ。

28

女の取り合いでもめる!?

履中は在位わずか6年で70歳の年に亡くなっている。35歳で崩御という計算だろうか。いや、実は父の仁徳の143歳を最後に、ありえない没年齢がここらあたりから記されなくなってくる。そろそろ実際の年代に近づいてきたという証拠だろう。それでも17代から19代まではまだ70代まで存命しているから長寿すぎる感はある。

履中天皇は百舌鳥耳原南陵《もずのみみはらのみなみのみささぎ》、つまり世界遺産登録百舌鳥古墳群の南側に祀られた。上石津ミサンザイ古墳、または石津ヶ丘古墳とも呼称され墳丘の長さが365メートルの前方後円墳、日本で3番目の大きさを誇る。

履中には皇子があったが、次代を担った第18代の反正《はんぜい》天皇は、妃を犯した兄・スミノエを誅したミズハワケだった。その功績が認められての即位といえる。

令和になった現在、皇位継承順位は現天皇陛下の弟、秋篠宮さまが皇位継承順位1位の「皇嗣」に就かれている。天皇の直系男子が就く「皇太子」が86年ぶりの空位となっている。直近で皇太子が不在だったのは昭和天皇の即位後、昭和8（1933）年12月に平成の陛下、現在の上皇さまが誕生されるまでの約7年間。

実はこの反正天皇の際は、兄弟間による皇位継承となったが、これが初めてのケー

方違神社から見る18代反正天皇陵

スだったのである。さらに次代の19代、允《いん》恭《ぎょう》天皇も反正の弟であるから、仁徳天皇後の17代から19代までは仁徳とイワノ姫による息子たち兄弟の相続が続いたということになる。

18代反正天皇はわずか4年の在位で崩御、75歳だった。一応ここも38歳没としておく。陵は百舌鳥耳原北陵《もずのみみはらのきたのみささぎ》。百舌鳥古墳群の北端に位置し、墳丘長148メートルで百舌鳥古墳群の中では7番目の大きさで田出井山《たでいやま》古墳ともよばれる。ここも世界遺産のひとつである。

出土した埴輪から5世紀中頃に造築されたと考えられる。反正天皇の没年は反正天皇5年だから西暦でいえば410年。

この陵の北東角に方違《ほうちがい》神社があり、神社の南側には陵の遥拝所がある。ここから堀越を見ると、しっかり浮島のような古墳の形を確認することができる。

29 近親相姦発覚

反正天皇が崩御するとその弟のオアサヅマ（雄朝津間《おあさづま》稚子宿禰尊《わくごのすくねのみこと》）が即位する。19代目の允恭天皇である。これで仁徳の3人の息子たちが兄弟順に即位したことになる。允恭天皇ははじめ病身を理由に即位を一度辞退したが、妃や周囲の人々の熱心な懇願で即位した。その後に新羅王の遣いとしてやってきた薬に詳しい使者によって病は克服されたという。

天皇の業績として特筆するべきものは盟神探湯《くがだち》による氏姓の乱れを正すことだった。盟神探湯とは一種の占いの神事のこと。神に潔白を誓わせた後、釜で沸かした熱湯に手を入れさせ、正しい者は火傷をしないが偽っている者は大火傷を負う。また毒蛇を入れた壺に手を入れ、正しい者は無事という様式もあった。この時期は上下の秩序が乱れ勝手に位の高い氏《うじ》を名乗る者が出てきたため、盟神探湯が行なわれたとある。沐浴後に探湯を行なうと、正しく姓を名乗っている者には何事もなかったが、偽って姓を名乗っている者たちはみな火傷を負った。そのため後に並ぶ者で偽っていた人間たちは、恐れてその場から逃げ出した。神前では、嘘を通そうとしてもお見通しだという意味合いなのであろう。

天皇は長兄の第一皇子、木梨軽皇子《きなしのかるのみこ》を皇太子に立てた。ところが木梨は同母妹である大娘皇女《おおいらつめのひめみこ》と恋に落ち姦通《かんつう》してしまうのである。異母兄弟であれば婚姻は認められていたが、同母は許されない。二人の仲は知れ渡り周囲は木梨の元を離れていき、弟の穴穂皇子《あなほのみこ》に従うようになった。第20代の安康《あんこう》天皇である。

允恭天皇が在位42年（21年か?）、78歳（体が弱かったというから39歳が妥当）で崩御した後、本来は木梨が皇位に就くはずだったが、さすがに姦通の木梨には誰も従わず、それに怒った木梨は弟の穴穂を逆に討とうと謀った。だがその策略は失敗。木梨は伊予國《いよのくに》（愛媛県）へと流されてしまう。

29
近親相姦発覚

それを知った妹の皇女は兄を追い、二人は伊予で再会する。その場所が、愛媛の道後温泉だったとされる。しかし道ならぬ恋である。幸せな結末など迎えることはできなかった。再会の喜びに浸り抱き合うと、手に手を取って自害した。

皇女が伊予に渡った際、居とした斯多那岐宮《したなぎぐう》（姫原社）は、現在の軽之《かるの》神社である。神社の背後の森には、姫墓所と記された比翼塚の石塔が立っている。比翼塚とは、愛し合って死んだ男女を一緒に葬った塚を意味するし、傍らに木梨の墓の形跡もあることから、亡くなった場所がここだという伝承も残る。兄の墓の参考地として、四国中央市の東宮山古墳《とうぐうさんこふん》が挙がっている。

》允恭天皇兄妹、禁断の恋の末に亡くなった場所
『軽《かる》之《の》神社』へ行きたい！

〈住所〉〒791－8012 愛媛県松山市姫原奥ノ谷74
〈電話番号〉089－926－3230
〈こんなパワーを授けてくれる〉許されない恋や片思いの心を慰めてくれる。一緒に生きていけないと判断される場合は、参拝後に自然とスムーズに別れることができる。

30 7つの子に殺された天皇

木梨の軽皇子失脚に伴って、その弟で允恭天皇の第2皇子の穴穂が第20代の安康天皇となった。弟でのちの21代雄略《ゆうりゃく》天皇となるオオハツセ（大泊瀬皇子《おおはつせのみこ》）に嫁を取ろ

30

7つの子に殺された天皇

うと、オオクサカ（大草香皇子《おおくさかのみこ》）の妹、ハタビ姫（草香幡梭姫皇女《くさかのはたびひめのひめみこ》）に使者を届けた。オオクサカは家宝の宝玉とともに妹を差し上げると大喜びした。献上品の家宝の「押木玉縵《おしきのたまかずら》」とは、百済か新羅から伝わった高級装飾品だった。使者に立った重臣のネノオミ（根使主）は、その宝の素晴らしさに目がくらみ、横領してしまうのだ。

それを隠すために、「オオクサカは『誰が愛しい妹をやるものか』と言っております」と嘘の報告をしたのだ。これを聞いた安康天皇は激怒し、オオクサカを殺し妻のナカシ姫（中蒂姫命《なかしひめのみこと》）を奪って自分の皇后にし、ハタビ姫もオオハツセの妃に差し出すように命令した。オオクサカとナカシ姫の忘れ形見のマヨワ（眉輪王《まよわのおおきみ》）も連れ子として家に入れた。

激怒して殺した男の嫁や子供、妹も次期天皇の妃に迎えるとは、ちょっと疑問ではあるが、いじめるためにわざわざ迎え入れたのだろうか？　いや、家来のネノオミの横領事件が発覚、間違った行動により殺してしまった、せめてもの罪滅ぼしのために皇后として迎えたというのなら納得ゆくではないか。しかし、ネノオミの悪事が露見するのは十数年後、すでに天皇が身罷《みまか》った後だった。しかし安康天皇はネノオミの悪事を薄々感じていたのかもしれない。ところがそれをはっきりとさせる前に、天皇は亡くなってしまったのだ。ところがその死因には、不可思議な点が残る。最大の「?」はここだ!

天皇が亡くなるのは、安康3(456)年8月。天皇の養子となったマヨワは楼の下で遊んでいた。そのとき天皇と母であるナカシ姫の会話が聞こえてきた。その内容が〝本当の父は安康によって殺された〟ということだった。これを聞き熟睡中の天皇をマヨワが刺殺するのだ。天皇わずか3年在位、56歳での崩御とされる。いつもの計算だと28歳没だが、ここらあたりからおとぎ話的数字がなくなっているから、実際56歳で殺されたとも考えられる。しかしながらこのマヨワ暗殺の一件は、どうもおかしい。このマヨワ、まだ7歳の子供だったというのである。

いくら熟睡中といえども7歳の子供に何の抵抗もなく殺されるというのは腑《ふ》に落ちない。

マヨワは『書紀』では「眉輪」と記されるが、『古事記』では「目弱」と表記されている。マヨワは盲《めし》いた子供だったのである。それなら暗殺はなおさら困難だ。皇后

30

7つの子に殺された天皇

のナカシ姫の膝枕で昼寝をしていた安康天皇を刺殺したともあるから、ナカシ姫が主犯だったのか？　さらに側近であるネノオミならその場にいても不思議はない。なぜ君主を助けないのだ？　まさか主犯がネノオミでは？　自分の悪事を薄々感じていた天皇を亡き者にするチャンス到来とばかり、露見する前に行動を起こしたとなれば辻褄も合う。

秘かに行なわれた暗殺をオオハツセにだけ、耳に入れたのもネノオミだろう。まだ若く、若いだけにすぐにカッとなりやすく、亡き天皇がいつも気にしていた末弟を利用することが最適だと考え、オオハツセに「天皇がマヨワ王に暗殺された」と血相を変えて報告する。案の定、オオハツセは驚きと怒りで頭に血が上る。「マヨワ王に暗殺された」のあとに一言二言加えれば細工は流々だ。「でも盲目の子供にそれを果たすことなどできましょうか。誰かの入れ智恵がなければ……」。いや、もう一言。「こうなればもう天皇崩御後はあなた様しかおりません」とでもあれば上出来だ。

安康天皇の弟・オオハツセの兄の八釣白彦皇子《やつりのしろひこのみこ》（白彦）に、まず疑惑の目を向ける。これもまたネノオミの計らいだったかもしれない。「安康天皇亡きあとは、いちばん天皇の位を継承するに近い、白彦様こそがマヨワ様をそそのかした気がいたします」とでも言っておけば充分だろう。気の短いオオハツセは早速、白彦を訪ね「もしや兄上がマヨワをそそのかしたのじゃありますまいな。そうでなければ一緒に天皇の仇を討ちましょうぞ」と問い詰める。白彦はその勢いと緊迫感に驚きおののき、声も発せずにいると「黙っているところを見れば、やはり兄上の仕業か」と言うやいなや斬り殺してしまうのだ。

さらに白彦の弟でオオハツセにとっては、やはり兄に当たる坂合黒彦皇子《さかいのくろひこのみこ》（黒彦）に責め寄る。黒彦はマヨワを連れ豪族・葛城氏の葛城円宅に逃げ込んでしまうのだ。「マヨワをかばうとは、犯人は黒彦兄だったのか」とオオハツセはその家に火をかけ、焼き殺した。オオハツセの従兄弟《いとこ》であるオシハ（市辺押磐皇子《いちのべおしはのみこ》）とその弟のミマ（御馬皇子《みまのみこ》）も言葉巧みに誘い出して殺した。皆殺しだ。なぜ従兄弟まで？

実は安康天皇暗殺の背後には葛城氏が関与していた可能性があるのだ。生前、安康天皇はオシハを次期天皇として即位させようとしていた。安康には実子がなかったため、このままでは連れ子のマヨワがその後を継ぐことになる。しかし血はつながって

30
7つの子に殺された天皇

いないのだから、履中の子であるオハシとミマが有力視され、葛城氏の王位継承が安康天皇在位中にほぼ固まっていたのだ。

それに反発したのが、オオハツセである。オハシとミマを亡き者にしても、兄たちがいる限り天皇の座は転がり込んで来ない。すべての敵対勢力を一掃しなければならない。マヨワを匿《かくま》っただけで、葛城氏もこの時点で滅ぼされていることから見て、次期天皇に即位するために邪魔者をすべて消したという見方が正しい。反対にこの時点で葛城氏を滅亡させておかなければ今後、自分の命が危険にさらされると計算したのだろう。

そこに重臣・ネノオミが関係してくる。真っすぐな性格のオオハツセに向かって、一家皆殺しを提案したのだ。即位さえさせてしまえば、一番の功労者として次代の天皇側近も約束されたも同じだ。これで悪事の露見も闇に葬ることができるではないか。

ネノオミの悪事発覚はまだしばらく後である。オオハツセが雄略天皇に即位して14年も経っていた。ある日のこと皇后のハタビ姫は、ネノオミが身につけている宝玉を見てはっとした。「ああ、あのときのものではないか」。天皇に相談すると、ネノオミに向かい「なぜにそれをおまえが持っているのか」と問い詰めた。ネノオミはその場から逃げ出したため、殺されたのである。

19代允恭天皇の第5皇子、オオハツセはワカタケル（大泊瀬幼《おおはつせわかたけるのみこと》武尊）と名を改め即位して、21代目の雄略天皇となるが、気性が荒くネノオミの殺害は納得だとしても、意外と些細《ささい》なことで何人もの家来たちを殺している。名前のワカタケル（幼武）の「武」の字は、猛々しいことを意味するから相当な暴君だったと推察される。

昭和53（1978）年に埼玉県行田《ぎょうだ》市の稲荷山《いなりやま》古墳から出土した鉄剣に、115文字の金象嵌の銘文が表されていることが判明した。そこには「獲加多支鹵大王」とある。これは「わかたける」と読むことができる。まさにワカタケル（幼武）ではないか。そのためこれは雄略天皇のことを記したとされるのだ。115文字の内容は、そのワカタケル大王に仕えたなる人物ヲワケの功績が記され、これは大和政権の勢力が広く関東まで及んできた証明と言えるだろう。

古墳時代後期の5世紀後半の造営と考えられるが、これが大阪府堺市の大仙陵古墳（仁徳天皇陵）と墳形がよく類似しており、ヲワケのものとされる。もともと墳頂部に稲荷社が祀られていたためこの名が付けられたが、現在は階段などもつけられ、さきたま古墳公園として歩いてめぐることもできる。

さらにここから車で10分足らずで、封じの宮・行田《ぎょうだ》八幡《はちまん》神社（西向き八幡）がある。ここは是非寄ってもらいたいスポットだ。古くから蟲封じの社として知られるが、特に難病封じ、がん封じに効果があるとして有名なのだ。がん発症時はもとより、がんにかからないように、転移しないようになどの祈願が通じるとされる。今や〝二人に一人〟のがん発症率だが、健康あっての人生を願う人が絶えない。

『稲荷山《いなりやま》古墳』に近いがん封じの社
『行田《ぎょうだ》八幡《はちまん》神社』へ行きたい！

〈住所〉〒361―0073 埼玉県行田市行田16―23
〈電話番号〉048―554―5926
〈こんなパワーを授けてくれる〉がん封じ、がんと診断されたときにできるだけ早めにお参りに行きたい。祈禱していただこう。がん封じお守りも持っていたい。

31 史実・浦島太郎

この時点で中国の史書『宋書』に「倭の五王」なる「讃・珍・済・興・武」の名前が登場する。宋が滅亡するのは479年だが、多くの関係者が存命している時代に編纂され、その時代の史料が数多く収録されているため史料的価値が高い書である。『記紀』には宋に渡ったことが記されていないため、「五王」が天皇に関係しているかは判明しないのだが、西暦と重ね合わせることで何かのヒントが生まれてくるのではないか。

5人目の「武」は478年に宋を訪れている。「武」は時代的に雄略天皇である可能性が高い。ワカタケルの名前から「武」とされていることも合点がゆく。となれば没年の干支で追ってみると「興」が安康、「済」は允恭、「珍」は反正、「讃」が仁徳ということになる。ここで宋は倭に対して新羅、任那、加羅など朝鮮半島の六国の軍事をまかせる安東大将軍の任務を与えている。つまりここで朝鮮半島のほとんどを倭

31

史実・浦島太郎

の支配下に置くことを許したということだ。しかし、このような大きな出来事が『記紀』に登場していないのが、どうも腑に落ちない。

さらに雄略天皇記の中の話をもうひとつ。これは今もよく知られる話だが、雄略22年（478）年7月の項にある。「丹波國《たんばのくに》余社郡《よざのこおり》管川《つつかわ》に水江浦嶋子《みずのえのうらのしまこ》は船に乗り釣りをし大亀を得た。亀はたちまち女になる。浦嶋子は心ひかれて妻とし、彼女に従って海に入り、蓬莱山に至って仙衆（聖人、仙人）を見る。この話は別の本にある」。

これは「浦島太郎」の話ではないか。『日本書紀』は正史だから史実のひとつとして浦嶋子の話を掲載しているのだ。丹波國余社郡管川とは、現在の京都府与謝郡伊根町筒川のことで、そこには浦嶋神社（宇良神社）が建っている。それどころか宝物殿にはなんと玉手箱なるものも残されているのだ。

『書紀』の「この話は別の本にある」の別の本とは『丹後國風土記』である。『風土記』によれば、龍宮城ならぬ蓬莱山の城で、嶋子と乙姫（亀姫）は幸せな3年を過ごすが、望郷の心にさいなまれ「開けてはならない」という亀姫愛用の化粧箱を持って故郷に帰る。しかしその3年は人間界の300年余りだったとされるのだ。

この『風土記』を基に、鎌倉時代初期に書かれた歴史物語書の『水鏡』にはこんな件《くだり》が。『水鏡』には神武天皇から仁明《にんみょう》天皇まで54代の天皇の事跡が書かれているが、53代淳和《じゅんな》天皇の中に「天長2(825)年11月4日に、帝は嵯峨《さが》法皇の四十歳のお祝いをなさった。今年、浦島子が帰った。持ってきた玉の箱を開けたら、紫の雲が西の方に昇って若かった体はたちまち翁となり、歩くこともおぼつかないほどになった。雄略天皇の時代にいなくなって、今年374年目に帰ってきたのだ」とある。

明治時代になって巌谷《いわや》小波《さざなみ》が著した『伽草子』の中の「浦島太郎」として広く親しまれ、今もテレビCMにも登場して健在である。そんなエピソードが多く残された雄略天皇は、その次の年の23(479)年8月に没した。在位23年目、誕生日を迎えると61歳になる年齢で亡くなっている。

31
史実・浦島太郎

玉手箱が残る『浦嶋《うらしま》（宇良）神社』へ行きたい！

〈住所〉　〒626－0403 京都府与謝郡伊根町字本庄浜141

〈電話番号〉　0772－33－0721

〈こんなパワーを授けてくれる〉　ここの浜から旅立ちをしたとされる浦島太郎ゆかりの社。玉の輿、逆玉も含めてびっくりするような人に出会える縁が訪れる。ここに残される玉手箱の中味は化粧箱であることから、美顔の祈りも聞いてくれる。もちろん航海の安全、さらに自分の名前を後世に伝えられるような業績を残す仕事や研究の成果を出すことにもご利益がある。

雄略の第3子、白髪武広国押稚日本根子《しらかのたけひろくにおしわかやまとねこ》が22代の清寧《せいねい》天皇である。生まれながらに白髪だったため、この名がついた。生まれつきアルビノ（先天性白皮症、白子症）だったと考えられる。白蛇などがそうであるように、白いものは神の使いと信じられ父の雄略は霊威を感じ、すぐに皇太子に立てたほどである。しかしアルビノは日光に当たると病状が悪化し視力も弱る。そのため白髪天皇は、皇后を持つことも実子を作ることもなく在位5年で亡くなった。行年は数え41歳だったとされる。

これで雄略の皇統が絶えてしまったことになる。雄略時代の皇位争いで多くの皇子が死に絶え有力な男子もいなかったため、崩御後は天下を治めるべき王がいなくなってしまった。そこで雄略天皇が即位する前に殺害した従兄弟の履中天皇の息子、オシハの妹であるイイトヨ（飯豊王《いいとよのみこ》）を候補として担ぎ出した。『古事記』では、彼女がその後しばらく天下を治めたことになっているが、あえて第23代天皇とはしていない。正式な天皇即位までの中継ぎ役だったようである。

そのイイトヨが天皇として即位したとされる場所が、葛城忍海《おしぬみ》の高木の角刺宮《つのさしのみや》跡。現在ここは角刺《つぬさし》神社とよばれる。祭神は飯豊青命《いいとよあおのみこと》とあり、この由緒を看板にはこう記す。「甥の億計（オケ）と弘計（ヲケ）兄弟が清寧天皇崩御の後、譲り合ってなかなか皇位に就こうとしないので10ヶ月ばかり、この地で執政を取ったとされる」。

オケとヲケの兄弟こそがオシハの遺児なのである。そして弟のヲケが正式な23代目の天皇、顕宗《けんぞう》天皇となる。兄弟どちらが皇位を継ぐかを譲り合っていたため、話し合いがつくまで叔母のイイトヨが中継ぎ天皇を引き受けていたということだ。

顕宗天皇は在位3年、37歳で没し、結局その後を兄のオケが引き継ぎ、24代仁賢《にんけん》天皇となった。皇后に迎えた春日姫（春日大娘皇女《かすがのおおいらつめのみこ》）は、父の仇でもある雄略天皇の皇女だった。これは正系の雄略の娘を娶ることで、傍系であった自らも正統の天皇になったことへのアピールだったのだと考える。二人には一男六女が授かり、皇子であるワカサギ（小泊瀬稚鷦鷯尊《おはつせわかさぎのみこと》）を皇太子とした。ワカサギが翌代25代目の武烈《ぶれつ》天皇として即位するので、ここで正統な皇家の血統に戻ったということになる。仁賢天皇は在位11年、49歳没。そしてその皇子であるワカサギが時代を揺るがすことになる。

32 新時代の天皇誕生へ。新たな出発のパワーをいただく

『書紀』によれば「しきりに諸悪をなして一《ひとつ》も善《よきこと》を修めなかった」という残虐な天皇として描かれているのが、ワカサギ皇太子こと25代・武烈天皇なのである。まずは父・仁賢崩御後、日本国王になろうとしていた大臣のヘグリ（平群真鳥《へぐりまとり》）父子殺害に

始まる。しかしこれはどう考えてもヘグリ一族のほうこそが、善をしなかったためだと思われるのだが……。

ヘグリ家は應神時代から軍事氏族として、履中天皇時代からは国政に関わるようになっていた。葛城氏が没落した雄略天皇の時期に真鳥が大臣となり一族は興隆を極めていたのだ。雄略の血を復活させた仁賢天皇が没したところで、ヘグリが天皇家を継ごうと考えたのだった。仁賢がそうだったように雄略天皇の血筋を持つ姫を妃に迎えれば、それも叶わぬ夢ではない。雄略天皇のおかげでヘグリは栄えた。我が御大将だった雄略が殺害を試みたオシハの子が、2代も続けて天皇として迎えられることに腹立たしさも感じていたはずだ。

そこでワカサギ皇太子が娶ろうとしていた物部《もののべ》麁鹿《あらしか》火《ひ》大連《おおむらじ》の皇女・影媛《かげひめ》を、なんと真鳥の息子、シビ（鮪）は強姦してしまうのだ。男・武烈大いに怒りシビを乃楽山《ならやま》（奈良市）まで追い詰め斬殺。大伴金村《おおとものかねむら》はそれに乗じ真鳥大臣を討ち果たした。498年のことだとある。しかし、死に際に真鳥大臣がかけた呪いによって、諸国の塩はことごとく呪われてしまう。だが角鹿《つぬが》（敦賀）の海の塩だけを呪い忘れてしまった。

32

新時代の天皇誕生へ。新たな出発のパワーをいただく

そのため、以降は角鹿の塩が天皇の食用とされ、角鹿以外の塩を忌み嫌ったとされる。裏返せば、敦賀軍だけが真鳥に立ちはだかった、勝利を得たということにもなる。

敦賀近辺がこの後の天皇家に重大なポイントとなっていくことになるのだが、真鳥一族惨殺を機に武烈は悪王、残虐王として生きてゆくことになる。たとえば妊婦の腹を裂いて胎児を見たり、人の生爪を剝いで芋を掘らせたり。また時には人を木に登らせ矢で射殺し、斧で木を伐って落として殺し、女と馬を交尾させ周囲の女たちに股を開けと命じ、じっくりと観察し陰部が濡れている者はその場で殺し、濡れていない者を奴隷として楽しんだという。また道化や俳優を集め音楽を奏で、風変わりな芸事や卑猥な歌を歌わせては酒にふけったなどなど、贅沢と暴虐の限りを尽くしたと『書紀』に書かれ、悪評は後世にまで伝わった。

ところが『古事記』には一切、悪行が書かれていない。『書紀』には后を迎えたとしているが、『古事記』では「皇后も御子もなく没した」とあるだけなのである。在位8年、18歳の一生だったという。

しかしながら、誰の入れ智恵だったのか、わずか18歳の少年がこんなアコギの連続

を次々思いつくものなのだろうか。あまりの悪行に周囲は耐えかね、秘かに暗殺したのだろうか。

武烈の崩御によって仁徳天皇の王統は完全に断絶した。

次に継体《けいたい》天皇が立つのだが、ここからが新しい時代の第一歩ともいえるのだ。継体への継承を正統化するため、中国の儒教思想の「不徳の王は子孫が絶える」をひき、武烈天皇を暴君として描いたのではないかとも考えられる。継体天皇即位の正当性を高める必要があったからである。

古代天皇時代の最大の謎ともいう継体天皇の即位だが、これまでも欠史八代というように天皇自体が実在していないのではという話はたびたび出ている。この26代天皇以前はすべて実在の確実性に欠けると説く学者もいるほどなのだ。歴史的に見て、実在と系譜が明らかな最初の天皇こそが、継体天皇であるとも言われている。

令和を迎えて今上天皇が126代目とされるが、そのちょうど100代前の26代天皇こそ多くの考古学者の間で、現在の皇室の本質の源流とみなされているのである。なぜにここがスタートなのだ？　と、される理由は家系にあった。25代の武烈天皇

32

新時代の天皇誕生へ。新たな出発のパワーをいただく

は子がないまま崩御した。ただちに後継者問題が持ち上がるが、有力な候補者はすべて死に絶えている。大伴金村ら朝廷を支える人間たちは思案の末、まずはヤマトタケルの第2子である第14代仲哀天皇の五世あとの孫、ヤマトの彦（倭彦王《やまとのひこおおきみ》）の擁立を企てたが、彼は山中に逃げ隠れ行方《ゆくえ》知れずとなってしまった。

ここ何代かの後継者争いを見れば、自分の身も危険にさらされることは確実だと判断したためだとされているが、ほかの候補者が亡き者にしたとも考えられる。大伴臣たちは断念し、後継者選びは振り出しに。

次に大伴らが候補に挙げたのが、越前國三国《みくに》に拠点を置いていた應神天皇より五世の孫のヲホド（男大迹王《をおどのおおきみ》）である。越前といえば武烈天皇に殺害されたとき、真鳥の臣が唯一、呪い忘れた角鹿（敦賀）がある場所だ。敦賀を統治していたのがヲホドだったとすれば、真鳥に唯一勝利したのがこの軍勢だったという見方もできる。朝廷はヲホドに大和を治めてほしいと懇願したということになる。

しかし、ヲホドは應神五世孫とされているが、『記紀』には父親の名前が彦主人《ひこうしの》王《おおきみ》と記されるだけで、系図すら載っていないのである。あえて『釈日本紀』の「上

宮記」に應神の系図として、〈①應神天皇→②若野家二俣王→③大郎子→④乎非王→⑤汙斯王→⑥乎富等大公王〉と記されている。汙斯王は「うしのおおきみ」と読むので、ヲホドの父の彦主人王（ひこうしのおおきみ）と同一人物だと思われるし、乎富等大公王は「をおどのおおきみ」だからヲホドであろう。應神より五世の孫ではなく、五世の子ではあるが、それにしても應神と継体の関係は遠すぎるのである。だからこの即位が異例中の異例であったことに違いはない。

ヲホドは「国を治めるというのは大変なこと。私は天子の資格はないし、力不足で才能もない。もっと優れた人物を選んでいただきたい」と即位を断っているが、大伴らも後戻りできず必死の説得の末、やっと即位を受け入れたという。

継体元年は西暦５０７年だが、即位したにもかかわらず大和に都入りし磐余玉穂宮《いわれたまほのみや》に居を移すのは５２６年。だからなんと20年もの月日が流れてからなのだ。不思議だ。

即位したヲホドはすぐに24代仁賢天皇の娘であるタシラカ姫（手白香皇女《たしらかのひめみこ》）を后に迎え、ほかにも尾張氏、息長《おきなが》氏などから一度に８人もの后を娶っている。大和入りに時間がかかった理由として天皇家とは遠戚の人物を天皇として迎えることに反対する

32

新時代の天皇誕生へ。新たな出発のパワーをいただく

勢力が、大和に存在したためではなかったかと思われるのである。2代前の天皇の娘を皇后としたことも、そういった反対勢力を抑え込み、皇家との結びつきを強めたかったためだろう。いやあるいはヲホドは越前、さらには近江にも地盤を持った強力な豪族だったのだから、実際は政権の混乱に乗じ権力を奪いに大和へと攻め入り、皇位を自ら継承しようとしたのかもしれない。あまりにも長い20年という歳月を費やしての都入りは、抗争のために必要な時間だったとする見方もできるからだ。となれば、山中に逃げ隠れたことになっている第一候補だったヤマト彦の行方不明も、継体側の手による殺害だったのではと勘ぐりたくなる。

いずれにしても、こうして新たなる継体王朝はスタートすることになるが、福井県には継体天皇ゆかりの神社がいくつも建つ。

福井市の足羽《あすわ》神社には天皇の石像が設置される。越前の地を離れる際に、自らの生霊をここに鎮めて旅立ったという。ヲホドの母の故郷であり、幼いときに住んでいたとされる坂井市の三國《みくに》神社にも祭神として祀られている。現在の福井平野は、ヲホドが治めていた時分には大きな湖や沼があった。そこへ九頭竜《くずりゅう》川、日野川、足羽川が

花筐の像がある味真野神社にて

注いでいたが、彼は三国に水門を開き平野の水を海に流した。すると福井平野が現れたという。

越前市味真野《あじまの》神社横には、ヲホドとそれまで側近くで仕え寵愛を受けていたテルヒ（照日前《てるひのまえ》）の像が立つ。ここは都へと上がるヲホドとの愛の別れを描いた謡曲「花筐《はながたみ》」の舞台とされている。

『書紀』にあるこの話を題材に室町時代に世阿彌《ぜあみ》が作った謡曲の内容は、天皇になるためテルヒに別れの文と花筐を残しヲホドは去ったが、ある日ヲホドは紅葉狩りの場で狂女を見つける。持っていた花筐からその狂女が自分を慕うあまりに心乱れた彼女だと知り、伴って都に帰るという話である。一途な恋を願う女性たちに人気のスポットだ。

さらに『繼體天皇ゆかりの古き社　謡曲「花筐」の里』と御朱印帖に書いていただいたのが、越前市粟田部町に鎮座する式内社、岡太《おかふと》神社である。

6世紀前後に継体天皇によって建立されたという神社で、都へ上るときにこの神社に残したと伝わる淡墨桜や、継体の息子となる第27代安閑《あんかん》、28代の宣化《せんか》両天皇が産湯に使ったとされる六角形の玉垣に囲まれた「皇子が池」なども残っている。

ここの神社の神事としてユニークなのが、毎年2月9日真夜中に行なわれる市祭《いちまつ》り、別名・小判買いとよばれるものだ。

岡太神社のお札

これは寛弘5（1008）年から継承される商売繁盛と縁結び、交通安全を祈願する古式ゆかしき神事で、祝詞、お祓いの後に小判が販売されるのだ。小判といっても餅米の粉が材料で、これを譲り受け一年間、中央にキクリ姫（菊理媛神）、左にエビス（恵比寿）、右にダイコク（大黒）のお札とともに神棚に供えるのである。

これは金運と幸運を呼ぶお札といわれている。我が会社と自宅にもそれぞれ、このお札と黄色（金）、白色（銀）の20枚くくりの餅小判が供えられているが、キクリ姫は白山比咩《しらやまひめ》神社に祀られる「くくり」「結び」の神である。同時にそこには継体天皇から新たに始まった天皇家の神々しさと、新たな出発を後押ししてくれる強い力を感じることができる。

新たな一歩がスタート。
継体天皇ゆかりの地『岡太《おかもと》神社』へ行きたい！

〈住所〉　〒915－0234　福井県越前市大滝町23－10
〈電話番号〉　0778－42－1151
〈こんなパワーを授けてくれる〉　新たなスタートを切りたいとき、過去を清算したいときに訪れたい。新たな縁結びは恋路だけではなく、仕事や仕事上のパートナーとの出会いをもたらす。お金持ちになる、商売繁盛、結果良好などにもご利益があるが、そのための努力を後押しする。交通安全は単に自動車や歩行中の事故といったものだけではなく人生行路の安全、つまりここから後の歩みに指示を与える。

33 磐井《いわい》の乱に関係する嵐のCM

継体天皇の時勢の外交として朝鮮半島、特に百済との関係が記されている。勢力を拡大する新羅と南下を始めた高句麗に圧迫を受けた百済が、倭国の直轄地である任那《みまな》の上哆唎《おこしたり》、下哆唎《あろしたり》、娑陀《さだ》、牟婁《むろ》の4県の割譲を迫ってきたのだ。「任那の四県は百済に近く日本からは遠い。百済に合併するのが最上な政策で、現状のままだと守りきれない」というものである。その願い出をあっさり天皇は了承している。その旨を伝える使者に選ばれたのは物部《もののべ》のアラカイ（麁鹿火《あらかい》）だったが、妻は「そもそも百済や新羅、任那は住吉三神が神功皇后の胎内にいた應神天皇に授けられたもの。もし他国に渡したら後世まで非難されるでしょう」と意見し、アラカイは仮病を使って役目を辞した。ではなぜにいとも簡単に、任那の割譲を天皇は許してしまったのだろうか。

百済が勝手に任那を侵略したため、やむを得ず手渡したのか、それとも百済との関係を最優先にした大伴金村の背後に、大陸からの渡来系氏族がついていたからか。

33

磐井の乱に関係する嵐のCM

割譲から15年後の継体21（５２７）年、任那は新羅の侵攻を受け２県を奪われる。我が国の直轄地を奪回しなければいけないと、天皇はケナ（近江毛野臣《おうみのけなのおみ》）に６万人もの兵を授けて、任那に派遣させることにしたが、この軍勢の侵攻を北九州に勢力を持つ豪族の筑紫君磐井《つくしのきみいわい》が阻止するのだ。『書紀』では、磐井が新羅側から賄賂を受け取ったためとする。磐井は単なる地方豪族以上の存在だった。筑紫の王として独自に新羅と手を結び、独立国を作ろうとしていた。ヤマト王権への不平不満が爆発したのだ。これが「磐井の乱」である。

任那救済をあきらめなければならなくなった天皇側のケナ軍は死闘の末、筑紫三井郡（福岡県小郡市）でやっと磐井を討ち取り、壬申《じんしん》の乱以前の最も大きな戦争に終止符を打った。これが地方豪族がヤマト王権に抵抗した最後の戦いでもある。

以降、ヤマト王権は地方の有力豪族を国造《くにのみやつこ》に任命することで地方支配を強化、中央集権化を強めていくことになるのだ。八女《やめ》古墳群の中には、磐井の墓とされる岩戸山古墳がある。全長約１３５メートルの前方後円墳は九州最大の規模。ここからは実物大の石製の人物像や馬などの出土品が１００点以上も発見され、現在はそれを複製した石による人像や馬像が大きさを縮小して並んでいる。

≫磐井の墓といわれる『岩戸山古墳《いわとやま》』

『八女市岩戸山歴史文化交流館いわいの郷』へ行きたい！

〈住所〉　〒834－0006 福岡県八女市吉田1562－1

〈電話番号〉　0943－24－3200

〈こんなパワーを授けてくれる〉　時には嫌なものはイヤだ！　こうあるべきだ！　と、決してわがままではなく、持論を唱え押し通したいときもある。そんなときここを訪れたら後押ししてくれる。

鳥栖《とす》市の朝日山には磐井の息子のクズコの砦があった。ここに今、宮地嶽《みやぢだけ》神社が鎮座している。宮地嶽神社は神功皇后が三韓征伐の際、祭壇を設け祈願して船出したのが始まりとされる社で神功皇后が主祭神で、勝村大神と勝頼大神が配祀されている。勝村、勝頼とは一体？　クズコの子、つまり磐井の孫たちなのである。

近隣の宗像《むなかた》大社と並び参拝客が多いが、ここは日本一大きいとされる注連縄と大太

33

磐井の乱に関係する嵐のCM

日本一の注連縄がある宮地獄神社

鼓・大鈴でも有名。さらに「男坂」と呼ばれる神社正面の石段から門前町を通り宮地浜まで至り相島を望む西向きの参道は、約800メートルにわたる直線道路となっており、年に2度（2月下旬と10月下旬）、この参道の延長線上に夕日が沈む。夕日と参道が一直線に並ぶ光景が、嵐が出演するCMで有名になった。

さらにこの注連縄がかかる本殿の裏の坂を上ってゆくと「奥の宮八社」が祀られる。日本最大級の石室古墳発掘を機に不動神社（史跡）を奉祀したことによるものだが、七福神社、薬師神社、恋の宮・淡島神社のほかにもお不動さんや地蔵尊も祀られている。一社一社をしっかりとお参りすれば、大願がかなうといわれているスポットである。

≫磐井の孫も祀られる、嵐のCMで有名『宮《みや》地《ぢ》嶽《だけ》神社』へ行きたい！

〈住所〉〒811－3309 福岡県福津市宮司元町7－1
〈電話番号〉0940－52－0016
〈こんなパワーを授けてくれる〉重量3トンの注連縄に驚きながら、その荘厳さに目を見張ろう。お金持ちになれる、商売繁盛の気運が高まり、奥宮8社の参詣で開運、恋愛、安産、金運、学問、健康などあらゆるご利益を一度にいただける。

継体天皇は25（531）年に『書紀』では82歳、『古事記』では43歳で崩御したとある。ただし43歳で物故していては、磐井の乱のときにはすでに亡くなっている計算になってしまうのだが……。没年は百済の史書『百済本記』に即したためだといわれる。そこには「日本の天皇、皇子、皇子がともに亡くなった」と書かれているのだ。天皇とともに皇子が二人も亡くなったというのは、戦争か感染病の流行などが原因だったのか。と、なれば次代の天皇たちの存在はどうなったのか。父・継体が亡くなっ

33
磐井の乱に関係する嵐のCM

たとされる5年後に27代天皇を継いだ安閑は『書紀』では70歳で、さらにその3年後に28代天皇に即位した宣化天皇は73歳で亡くなっている。わずか8年あまりのうちに第29代欽明《きんめい》天皇まで移行するのだ。

『書紀』の「或本に云わく」として継体が没した年を531年ではなく534年とするならばわずか5年のうちに26代から29代まで入れ替わったことになる。「日本の天皇、皇子、皇子がともに亡くなった」の意味も通じるということになるだろうか。

27代、28代とされる安閑と宣化天皇はともに継体天皇の第一子と第二子である。長兄・安閑天皇は子どもがなかったため、弟の宣化が次を継いだ。宣化は蘇我稲目《そがのいなめ》を大臣に抜擢し、ここから蘇我氏の台頭が始まるのだ。天皇はその稲目らに命じて、凶作や飢饉に備えて河内の茨田郡《まむたのこおり》はじめ九州などにも貯蔵倉を建てて籾稲《もみ》を集めさせた。一方、新羅の圧迫を受けた任那を援助するために、大伴金村をまたも大陸に送り出している。

その大伴金村の失脚の時代が欽明天皇期である。物部が「大伴が百済への4県割譲を許したことで、新羅の怨みを買った」と糾弾して失脚させたことで、物部氏と蘇我氏の二頭政治時代が始まったのである。

34 宗教戦争の末に

数えて29代目の欽明天皇2（541）年に蘇我稲目は、二人の娘を天皇の妃として嫁がせ、姉のキタシ姫（堅塩媛《きたしひめ》）との間にのちの用明《ようめい》天皇（31代）と推古《すいこ》天皇（33代）、妹の小姉君《おあねのきみ》には崇峻《すしゅん》天皇（32代）を誕生させた。蘇我氏の圧倒的権力の出発点だ。

百済から仏教が公伝されたのは、欽明期とされている。『書記』には百済の聖明王《せいめい》から金銅の釈迦仏像と経論などが欽明13（552）年に献上とあるが、元興寺の縁起や厩戸皇子《うまやどのみこ》（聖徳太子）の伝記本『上宮聖徳法王帝説《じょうぐうしょうとくほうおうていせつ》』には、「欽明天皇御代の戊午年」に伝来したとある。しかし欽明の治世（540～571年）に戊午の干支年は存在しないのだ。

34

宗教戦争の末に

最も近い戊午年となれば、即位2年前の538年。継体天皇が亡くなったのは531年または534年である。「日本の天皇、皇子、皇子がともに亡くなった」が事実であれば、欽明が継体天皇没後すぐに即位という見方も間違いとは言い切れない。実は『上宮聖徳法王帝説』の中には、継体天皇が没してすぐ欽明天皇が即位したと書かれているのだ。

これは継体派閥（安閑・宣化）と欽明派閥の二派で天皇が立てられていたという見方と、「天皇・皇子・皇子の死」というのは、皇子たちは高齢か病弱のため、名ばかりの天皇で実際は欽明天皇が、実務をこなしていたと見ることもできるのだ。だから538年の仏教伝来のときは欽明天皇だったということで間違いないのである。

しかし仏教は伝来したものの、これを日本が受け入れるべきか、崇仏派の蘇我氏と廃仏派の物部氏、中臣氏が対立したのである。渡来人勢力を背後に持つ蘇我氏と、仏教を認めてしまっては蘇我氏がますます脅威となると考えた物部氏の一騎打ちともいえる。

蘇我稲目は中国、朝鮮で祀られていることを理由に賛成したが、物部尾輿《おこし》は「我が国家の王は、常に天地の百八十神《ももあまりやそがみ》を春夏秋冬お祀りしてこられました。今それを改めて蕃神《ばんしん》（異国の神）を礼拝なされば、おそらくは国神《くにつかみ》の怒りを受けることになりましょう」と語った。

そこで天皇は稲目に仏像を預けて様子見することを決め込んだ。稲目はすぐさま寺を建て、熱心に仏を拝んだが、そんなさ中に疫病（疱瘡《ほうそう》）が流行り始め、死者がどんどん増え続ける。尾輿は、ほら見たことかと鼻息を荒くして「一刻も早く仏像を投げ捨て幸福を祈るべきです」と奏上、稲目の寺を焼き払い、仏像を海に投げ捨てたのである。これを機に蘇我氏と物部氏の対立は激しさを増し、今後の皇位継承問題まで発展することになる。

いわば宗教戦争の中、仏教を伝えてきた朝鮮半島の情勢も激動化していた。

高句麗、新羅が任那を圧迫し、日本は百済に援軍を送ったが562年、とうとう任那は滅亡。仏教を日本が受け入れた罰なのか、それとも仏を海に投げ捨てたゆえか任那復興の願いも叶わぬまま欽明天皇は失意のうちに、63歳で没するのである。

欽明天皇没後に皇位に就いたのが、欽明天皇第二子の敏達《びたつ》天皇、数えて第30代目の

34
宗教戦争の末に

天皇である。しかし父子2代の時間を費やしても、崇仏廃仏戦争はまだ続いていた。

蘇我稲目は息子、蘇我馬子《うまこ》に代替わりし大臣としての職をこなすが、馬子は敬虔な仏教崇拝者だった。仏殿を造り仏像を納め熱心に礼拝し、積極的に日本に仏教を取り入れようとした。物部氏も尾輿から守屋に代替わりしていたが、紛争おさまる気配なし。前の欽明天皇はどちらかといえば肯定派だったが、敏達天皇は仏教の普及を疑問視していた。そこに再び疱瘡が流行り、やがて天皇本人まで疱瘡にかかり、48歳で崩御。

敏達天皇の次に天皇に即位したのが、欽明天皇と蘇我稲目の娘、つまり馬子の姉・キタシ姫との間に生まれた31代目の用明天皇だったのだ。同じく欽明、蘇我氏の血を引くアナホベ姫（穴穂部間人皇女《あなほべのはしひとのひめみこ》）を皇后に迎えている。そこに誕生するのが厩戸皇子、そう聖徳太子なのである。しかしわずか2年で用明天皇は病床につき、これを機に自らも仏教に帰依することを周囲に伝えたが、帰依したためか、それとも帰依するのが遅かったのか48歳で没。

馬子は後継としてやはり欽明と蘇我の小姉君との御子・ハッセベ（泊瀬部皇子《はっせべ》）を

担ぎ出し、対立する物部守屋は敏達の皇后、推古の兄のアナホベ（穴穂部皇子）を推《お》した。しかし物部派閥でありながらアナホベは、わざと僧侶を連れ歩くなど蘇我氏への寝返りを示すような行動に出て、物部氏を激怒させた。しかしそれに乗じて「人格や行動に難あり」とアナホベを討ったのは守屋ではなく馬子のほうだった。そして守屋を逆賊として追撃、物部軍を誅殺したのだ。

『書紀』では物部氏がここで滅亡したとするが、守屋の息子の物部雄君《おきみ》はじめ物部一族は37代・齋明天皇の時代を経、38代の天智から40代の天武天皇時代に、物部氏から石上氏と名を変え復活を果たしている。

35 日本初の女帝・推古天皇、聖徳太子とともに

蘇我氏が推したハツセベはやがて32代・崇峻《すしゅん》天皇として即位する。これで事実上、蘇我氏が政治の実権を握ったということになる。馬子は早速に仏教普及を推進、任那

35
日本初の女帝・推古天皇、聖徳太子とともに

復興に取り掛かった。しかし天皇は、次第にそうした動向に反感を持つようになるのだ。しまいには馬子と対立するようになってゆく。

ある日のこと、天皇は献上された猪を指して「この首を斬るようにあいつの首も斬り落としたいものだ」と語り、武器を集め始めた。これを知った馬子は、もはや崇峻天皇は意のままにならないと考え、帰化氏族の東漢直駒《やまとのあやのあたいこま》に命じ、天皇を暗殺してしまうのである。「虫も殺生してはならない」との仏教の訓《おし》えを広めた馬子は、本当の意味で仏教を広めようとしていたのか？　せめてこの暗殺は馬子本人の計略ではなく、多くの皇族たちのクーデターによるものという説が、事実であることを信じたい。

そんな天皇暗殺というショッキングな大事件ののち擁立されたのが、用明天皇の妹で敏達天皇皇后のアナホベ姫である。ここに日本初の女帝、推古天皇が誕生する。

これまでも皇后や皇女が事実上、天皇として執務を行なっていたケースはあったものの、正式に女帝として即位したのは彼女が最初ということになる。７１２年に編纂の『古事記』最後に登場の天皇である。

即位前年の５９２年、それまでの「古墳時代」から「飛鳥時代」へと突入、国号も

倭から日本に代わり、仏教など国際色豊かな文化が生まれた。これを「飛鳥文化」という。さらに戸籍作成が始まり、通貨（和同開珎）が発行され、『日本書紀』の最後に描かれる41代持統天皇の2代後、元明天皇の時代までを飛鳥時代は続く。

用明天皇の第二皇子、19歳の厩戸豊聡耳皇子《うまやとのとよとみみのみこ》こと聖徳太子が摂政の任に就くことで女帝誕生が実現するのだが、聖徳太子といえば生まれながらにして聡明で一度に10人の話を聞き分けられたほどの天才と伝わる。私たちの時代は小学校の歴史の教科書の中で、最初に出てくる歴史上の人物として覚えたものだし、昭和61（1986）年1月までは一万円紙幣の顔としてもなじみ深かった。しかし現在の教科書では、聖徳太子と言わずに厩戸皇子という記述が通例になっている。聖徳太子は実在していなかったなどという話まであるそうだ。いや、聖徳太子と厩戸皇子が同一人物、または厩戸が本当の名前だったということなのだろう。

この厩戸皇子こと聖徳太子が摂政に就いた時代は、日本と新羅との関係が険悪化していた。推古天皇10（602）年には太子の弟・来目皇子《しめのみこ》が新羅討伐に出航するために筑紫に出向いたが、その場で病死。すかさずその兄・当麻皇子《たいまのみこ》が将軍となって代理を果たすことになった。ところが今度は同行の妻が筑紫到着前の明石《あかし》で亡くなり、「この戦は最初から運がない」と皇子は都へ引き返してしまう。新羅討伐計画頓挫。

これを機に太子は馬子との協力の元、内政改革に力を注ぎ出す。それが、これまた教科書で習った「冠位十二階」（６０３年）だ。「徳・仁・礼・信・義・智」の６つの項目に大小を加えた日本初冠位制度で、それまでの氏族からだけではなく有能、業績を上げた優秀な人材は登用することになったのだ。翌年には官吏の心構え、守るべき社会的・道徳的規範を説くため、第一条の「和なるを以て貴しとし……」から始まる「憲法十七条」が定められた。ここで太子は、天皇を中心とし和を重んじ仏教を尊び、儒教の訓えに基づいて政治を行なうことを宣言したのだ。

飛鳥寺の釈迦如来像（飛鳥大仏）を作らせ、大阪には四天王寺、奈良の斑鳩《いかるが》宮には法隆寺を建立した。法隆寺は『上宮聖徳法王帝説』によると推古天皇15（６０７）年建造とされ金堂、五重塔を中心とする西院伽藍と夢殿を中心とした東院伽藍に分けられている。西院伽藍は現存する世界最古の木造建築物群である。

飛鳥・奈良時代の仏像や仏教工芸品といった文化財も多く有し、平成５（１９９

3）年には法起寺とともに「法隆寺地域の仏教建造物」としてユネスコ世界文化遺産に登録された。私がはじめてこの地域を訪ねたのは、北海道の高校2年生のときの修学旅行だったが、同じような体験の人もさぞ多かろう。

まだ、訪れていない？　それは日本に住んでいて勿体ないことを……。

》世界最古の木造建築、聖徳太子が建てた『法隆寺』へ行きたい！

〈住所〉　〒636－0115 奈良県生駒郡斑鳩町法隆寺山内1の1
〈電話番号〉　0745－75－2555
〈こんなパワーを授けてくれる〉　心を静めて歩いて、自分が今おかれている立場、元気でこの場にいることに感謝しながら、思いの丈を吐き出してみよう。

太子は1世紀ぶりに中国との交流を再開させた。法隆寺建立と同じ607年、小野《おのの》妹子《いもこ》を遣隋使として派遣したのだ。『隋書』には「日出《ひいず》る処《ところ》の天子《てんし》、書を日没《ひぼっ》する処の天子に致す。恙《つつが》なきや」という国書を送ったことが記される。これは隋が高句麗の

35

日本初の女帝・推古天皇、聖徳太子とともに

抵抗に苦戦し味方を求めていた国際情勢を利用して、随と対等の外交を求めたのである。

国書を手にした隋の煬帝《ようだい》はこれを読んで激怒したとされるが、拒否することはできない。日本はこの時期、朝鮮への遠征を中止、百済だけではなく新羅とも高句麗とも友好関係を築いていたのだ。この国書を突き返すようなことがあれば、高句麗だけではなく日本も敵に回すことになってしまうからだ。

太子の予想どおり、翌年の妹子の帰国とともに隋は答礼使の裴世清《はいせいせい》を派遣してきた。その年、遣隋使として妹子に加え高向玄理《たかむこのくろまろ》、南淵請安《みなみぶちのしょうあん》、僧旻《そうみん》など留学生、留学僧が同行、彼らは隋に続く唐で制度や文化を学び、帰国後は大化の改新で活躍することになるのだ。

そんな多くの業績をあげた実質的天皇の役目を果たした聖徳太子は、推古天皇30（622）年2月22日に48歳で斑鳩にて没した。

太子は仏教だけではなく「敬神の詔」を推古15（607）年に出していることからも、神道の神をも手厚く祀った。四天王寺境内には鳥居があり、伊勢神宮や熊野権現

の遥拝所もある。太子が建てたといわれる神社は数多く残され、太子ゆかりの地には太子館などもあるが、その敷地内にその名も聖徳太子神社があるのは、栃木県の柏倉温泉。宿泊施設や日帰り温泉もある。もちろん祭神は太子。しかし、何に関係して栃木に聖徳太子なのだろうか?

社伝によればここの館主の先祖である氏族・大阿久家氏の祖が聖徳太子大神だというのだ。確か聖徳太子の血縁はこの後に絶たれてしまうはずなのだが、これも夢とロマンがあって楽しいじゃないか。

太子は死後、仏教家たちによって「日本仏教の開祖」と崇められるようになり太子信仰が広がり、太子堂なる場所や地名が今も各地に残るのだ。その一方で近世になっては、たくさん寺院を建てたことから大工や石屋、さらに畳屋、鍛冶屋などの職人が太子を祖神として祀る習慣が生まれたという。モノづくりの緻密さ、さらにそこから緻密な計画の元、実行する事柄の成功、さらに推古天皇を前面に押し出した影の支配者としての力なども与えてくれるという。

≫温泉に入りながら緻密な計画を練る!?
『聖徳太子神社』へ行きたい!

〈住所〉〒328−0066 栃木県栃木市柏倉町967
〈電話番号〉0282−23−5035
〈こんなパワーを授けてくれる〉指先を使うモノづくりを職にしている人だけではなく、彼に贈りたい手編みのセーター、作ってあげたい手料理などにも効果あり。さらに緻密な計画によって事を運び成功させることができる。がんや認知症の予防にも。

36 「大化の改新」を作った「乙巳《いっし》の変」

聖徳太子が没した後、再び蘇我馬子が力を振るったが、その馬子も推古天皇34（6

26）年に亡くなり、2年後には在位36年にして日本初の女性天皇・推古も75歳でその生涯を閉じた。推古天皇はきわめて頭脳明晰で、身内の蘇我氏に対しても一線を越えて便宜を図ることなどはなかったという。

ここから41代持統《じとう》天皇までの功績は、『古事記』の8年後に発表された『日本書紀』にしか記されていない。

33代の推古天皇は厩戸皇子が亡くなっても皇太子を定めていなかったが、自分が亡くなる前夜に30代敏達天皇の孫、田村皇子と厩戸、つまり聖徳太子の子、山背大兄《やましろのおおえの》王《おう》のふたりを枕元に呼び寄せ遺言を残した。

田村皇子には「天下を治めるのは大任です。慎重に物事を見て何事も軽々しく事を運ばないように」と、山背大兄王には「こうしたいと思ってもやかましくあれこれ言わずに、群臣の意見を聞き入れて従うように」と。明確に天皇を指名することを避けたために、またもや後継者争いが起こってしまうのである。

蘇我馬子の子である蘇我蝦夷《そがのえみし》（エミシ）は、田村皇子を推挙し、馬子の弟（一説には従弟《いとこ》）の境部摩理勢《さかいべのまりせ》（マリセ）は山背大兄を推したが、エミシが兵を挙げマリセ

36
「大化の改新」を作った「乙巳の変」

を自害に追い込み、田村皇子が34代の舒明《じょめい》天皇として即位した。これでさらに蘇我氏の勢力が拡大してゆくのだ。

舒明天皇といえば、初の遣唐使の派遣が特筆されるが、即位13年目の641年に49歳で物故。舒明の息子の皇太子の中大兄皇子《なかのおおえのみこ》は16歳。満年齢で数えればまだ14歳だった。そのため即位が一度見送られ、舒明の皇后である宝皇女《たからのひめみこ》が35代皇極《こうぎょく》天皇として即位している。推古天皇に次ぐ女帝だ。

しかし蘇我氏の勝手なふるまいは日増しに目立つようになった。

エミシは祖廟を作ったり、自分自身や、息子の入鹿《いるか》（イルカ）の墓を造成し大陵《おおみささぎ》、小陵《こみささぎ》などと周囲によばせたりした。「陵《みささぎ》」とは天皇の墓のことである。いくら女帝とはいえ、天皇をないがしろにするにもほどがある。さらに翌年からエミシは自邸で自由気ままな暮らしを送り始め、イルカを実質的大臣に据えたのである。イルカは蘇我氏に対立してきた山背大兄王の存在を消す時期がきたことを悟って、斑鳩宮に住む山背王を襲撃、一族の者ともども自害に追い込んだのである。ここで厩戸皇子の血縁者は、みな滅亡したとされるのだ。

父・エミシはその蛮行を咎《とが》めはしたが、蘇我氏の追い風はますます勢いを増し、山背大兄王亡きあとは、まさにやりたい放題。甘樫丘《あまかしのおか》に新しく建てた邸宅を天皇の住居と同じ「宮門《みかど》」とよばせ、子供たちのことを「皇子《みこ》」とよばせた。

「このままではいけない」。そう危機感を抱いたのが、下級官吏の中臣鎌足《なかとみのかまたり》である。鎌足は蹴鞠《けまり》の会で出会って意気投合した舒明・皇極天皇の子、中大兄皇子に近づきイルカ殺害計画をともに練り始めたのである。そこに蘇我と同族の蘇我倉山田石川麻呂も加わり、皇極天皇4（645）年6月12日、とうとうイルカを亡き者にする日がきた。この事件を「乙巳《いっし》の変《へん》」という。これにより蘇我氏の専制政治の時代が終焉したのだ。

父・エミシ自害の翌日、皇極天皇は中大兄皇子に譲位を申し出ている。存命中に天皇の位を譲るのは、実はこのときが初めてだった。しかし中大兄皇子は中臣鎌足と相談の上、自らの即位を辞退、皇太子としての任に就き皇極天皇の弟で叔父の軽皇子《かるのみこ》を第36代・孝徳《こうとく》天皇に推挙した。

朝廷の最高職ともいえる左大臣に阿倍内麻呂《あべのうちまろ》、右大臣には蘇我倉山田石川麻呂。天

36

「大化の改新」を作った「乙巳の変」

皇の最高顧問である内臣に中臣鎌足を登用、さらに政治顧問の役目に当たる国博士に遣隋使の経験を生かして高向玄理と僧の旻も名を連ねている。

この大化時代の646（大化2）年に四ヶ条からなる新しい政策、「大化の改新」の詔《みことのり》が発布された。

ここから701年の大宝律令制定に至るまでの改革時期全体を「大化の改新」というのだ。私たちが子供の頃は、「645年＝大化の改新」と教科書で教わったが、現在は645年に起きた「乙巳の変」から「大化の改新」が始まったと記されている。

新首都の大坂難波へ遷都してわずか2年後、中大兄皇子はやはり大和に都を遷したいと言い出した。天皇の反対を押し切り、母の35代皇極天皇、弟の大海人皇子《おおあまのおうじ》、皇子の妹で孝徳天皇の妃・間人皇女《はしひとのひめみこ》と多くの群臣たちを引き連れ、大和へと移り住んでしまうのだ。残された天皇は心痛から病に倒れ、654（白雉5）年、59歳でひとり淋しく旅立った。

翌年655年、新天皇誕生。女帝・齊明《さいめい》天皇である。なんと彼女は先々代の皇極天皇。一度退位した天皇が、名前を変えて再び即位しているということだ。これを重《ちょう》祚《そ》とよぶが、これも歴代天皇初めてのケースだった。政務は相変わらず皇太子の中大兄に任せ、天皇自身は運河などの造営や大規模な建設、土木工事などを実施したが、経済的、人的負担に非難が高まった。

一方朝鮮半島では新羅が国力を増し、唐と結んで、日本の同盟国・百済を攻め滅ぼした。660年のことである。百済復興のため人質として日本にいた百済王子の余豊《よほう》璋《しょう》を現地に送り返し、自ら援軍を率いて大和を発った天皇だったが海を渡る前、筑紫の朝倉宮で病に倒れ没してしまう。享年68。

齊明天皇没後、6年半の空白を経て中大兄皇子が38代・天智《てんぢ》天皇として皇位を継いだ。百済全軍を指揮しての朝鮮半島への出兵、これが日本史初の外国との大きな戦争とされる「白村江《はくすきのえ》の戦い」である。

白江は大韓民国の中西部を流れる韓国第3の大河である現在の錦江《きんこう》のことだが、三国時代から百済にとって重要な水上交通路だった。錦江は今も百済の古都・忠清南道公州からを熊津江（ウンジンガン）とよび、忠清南道の百済最後の都・扶余《ふよ》からは白馬江（ペンマガン）とよんでいる。そして黄海に達する場所を白江。白村江は海に流

36
「大化の改新」を作った「乙巳の変」

れ込む海辺のことを指すのである。

海と川をつなぐ河口付近であるから、物資や兵士はここに上陸する。その日本軍の船を待ち構えていたのが唐の軍勢だったのである。６６３年８月27日、両軍は激突。唐水軍は楼船《ろうせん》という巨大な戦艦で攻撃、日本軍に圧勝。百済復興の夢は、ここにはかなく消えたのである。

白村江敗北後、天智天皇は国防強化に入った。いつ何どき、唐と新羅が日本へ侵略してくるか分からなかったためである。大宰府《だざいふ》（福岡県太宰府市）の四天王寺山頂に大野城を築き、さらに全長１、２キロにわたり水を貯えて敵を防ぐための水城《みずき》を張り巡らせた。対馬や壱岐、筑紫には東国から動員した兵を派遣した。これが改新の詔《みことのり》にもあった「防人《さきもり》制度」の初実施である。

瀬戸内海沿岸の各地にも山城を建築する一方、その後の中央集権体制を決定づける制度として天智３（６６４）年、「冠位二十六階」を制定している。冠位の増加は官吏増員を意味する。それは政権基盤の強化にほかならなかった。６（６６７）年には、天然の要害であり交通の要でもあった琵琶湖の西岸の山裾の大津に都を遷した。これが近江京（近江大津宮）である。

宮跡とされる場所には、天智天皇を祭神とする近江神宮が建つ。天皇は漏刻《ろうこく》（水時計）を作ったとされ、社会生活の基本の時報なるものを始めた人でもある。6月10日の「時の記念日」は、近江朝廷で時報を開始した日を制定したものである。

境内には「時計館宝物館」が設けられ、時間の大切さとともに、時を忘れてじっくり物事を見つめてみたいと思っている人は訪ねてほしい。迷い事や願い事の答えにつながる〝浮かび〟を感じることができる。

》時を忘れる空間、天智天皇の都『近《おう》江《み》神《じん》宮《ぐう》』へ行きたい！

〈住所〉　〒520―0015 滋賀県大津市神宮町1番1号

〈電話番号〉　077―522―3725

〈こんなパワーを授けてくれる〉　文化・学芸・産業の守護神でもあるが、ここは時を左右するパワーにあふれている。あと1分早かったら電車に乗れたのに……なんてことは誰もが体験しているだろうが、乗り継ぎのいい人というのも確かにいる。それは神々の導きどおりに人生を歩いているから。迷い事や悩み事の解決の糸口もタイミングがすべて。時を忘れさせる空間で道を教えてもらおう。

37 壬申の乱、起こり、必勝の神様に

新たな国家づくりに精を出した天智天皇は即位と同時に、後継者を弟の大海人皇子

に決めていた。ところがその3年後、天皇は自らの子、大友皇子《おおとものみこ》を最高位の太政大臣に任じたのだ。これは弟に代えて、息子を次期天皇とするという思いの表われだったのである。

天皇が病に倒れると病床に弟・大海人を呼び出し皇位を授けようとしたが、兄を警戒する大海人はこの申し出を辞し、「出家する」と言って吉野（奈良県）へと去ってゆく。大海人皇子は、実はそこで中央の動静を見ていたのである。

天智天皇10（671）年12月3日、天皇が46歳で没すると、大海人皇子のもとに天智天皇陵造設の人夫たちに武器が与えられたという話が伝わってきた。同時に吉野に運び込まれていた食料が止められた。「壬申の乱」への秒読み開始である。

『日本書紀』で天智天皇の次に書かれている天皇は天武天皇、弟の大海人皇子である。しかし明治3（1870）年になってその歴史は塗り替えられた。天智と天武の間の天皇として大友皇子が新たに追諡《ついし》されたのだ。平安時代の著『扶桑略記』や鎌倉時代の『水鏡』などにも、天智天皇死後2日後に大友が皇位を継いだという記述があるのだ。そこで明治になってから大友皇子を第39代の弘文《こうぶん》天皇として列記することになったのである。

朝廷の実権を握った弘文は、叔父の大海人排除を始めた。672年6月、大海人は吉野を秘かに脱出、自分の子である高市皇子《たけちのみこ》の一行と伊賀（三重）で合流し、伊勢・鈴鹿関を封鎖させ、戦勝祈願のため伊勢神宮に詣でている。ほどなくやはり息子の大《おお》津《つ》皇子《みこ》の一行とも合流し、美濃（岐阜）に入り不破関を封鎖させることで、大海人軍は勢力を拡大、東国のほとんどを支配下に置いて、いよいよ決戦の日がきた。

7月22日、琵琶湖畔大津の瀬田橋での決闘の末、大海人皇子軍が大勝利を上げ、翌日大津京を陥落させたのだ。逃げ場を失った弘文天皇は山崎（京都府大山崎町）で首をくくって自害。享年25。在位8カ月にも満たない追諡の短命天皇の一生だった。

決戦の場、瀬田の唐橋の東に鎮座する由緒ある神社が近江国一宮・建部《たけべ》大社である。創建は景行天皇46年というから西暦116年。祭神は「武勇の神」ヤマトタケルだが、この場所に建った理由はまさしく「壬申の乱」があったからだ。

乱が起きた3年後の675年に勅命により、それまで祀られていた場所から近江國府があった現在の瀬田に〝近江の守護神〟として遷座されるのだ。勅命は天皇の命《めい》。

このときの天皇は弘文天皇に継いだ第40代・天武天皇。そう、大海人皇子である。

》壬申の乱の決戦の場の橋のすぐ近く！　必勝の神『建部大社《たけべたいしゃ》』へ行きたい！

〈住所〉　〒520－2132　滋賀県大津市神領1－16－1

〈電話番号〉　077－545－0038

〈こんなパワーを授けてくれる〉　この神社には勝運はもちろん出世運、「一夜にして成長した」という伝説がある御神木の力もいただきたい。努力してきたことが、それこそパッと花開くというパワーだ。境内にある「頼朝公の出世水」も是非に。大願成就、ここ一番の勝負のときにも参拝したい。

38 天皇の称号がここに生まれる

「壬申の乱」の勝利を収めた大海人皇子は、翌、天武天皇2（673）年に飛鳥浄御《あすかきよみ》原宮《はらのみや》で第40代・天武として天皇の座に就いた。律令制度導入で天皇を頂点にした中央集権国家確立を進めていくことになるのだ。

皇子たちを登用した皇親政治を展開し、官人は実力、能力で畿内や地方の豪族たちからも登用するようになった。13（684）年には「八色《やくさ》の姓《かばね》」を定め、姓を再編、真人《まひと》、朝臣《あそん》、宿禰《すくね》、忌寸《いみき》、道師《みちのし》、臣《おみ》、連《むらじ》、稲置《いなぎ》の8つの身分秩序に分け、さらに姓をどんどん追加し、国家組織を固めていったのだ。天皇家の祖神や天津神、国津神の祭りを司り神社を管理する神祇官《じんぎかん》を置き、伊勢神宮の祭祀を重要視して皇族の娘を仕えさせる斎宮の仕組みを整えたのもこの時期である。

『古事記』『日本書紀』の編纂を指示し、国家権威の対外的な向上に努めたのも、さらにここまで使ってきた「天皇」という称号を正式に用い始めたのも、天武天皇の時世だった。

日本初の市街区画「条坊」を備えた本格的政治都市「藤原京」（奈良県橿原市）の新都計画を決めたのは684年のこと。これは現在の日本の都の礎《いしずえ》の出発点だと言えよう。ところが「藤原京」遷都を決めた2年後の朱鳥元（686）年9月9日、天皇は56歳で急死してしまうのである。

新都造営は一度棚上げになったが、それを皇后のサララ姫（鸕野讃良皇女《うののさららのひめみこ》）が夫の遺志を受け継ぎ、皇后の立ち位置のまま造営を再開させたのである。

天皇制を確立したほどの天武天皇を祭神とする場所はここだけという神社が、三重県桑名にある。天武が桑名に滞在したことを受けて建立された、その名も天武天皇社である。妻も一緒に祭神とされている。いろいろなものにチャレンジして、それなりの成果を出したいと思っている人に力を与えてくれる。

≫何にでもチャレンジして成果を出したい人ならここ！
その名も『天《てん》武《む》天《てん》皇《のう》社《しゃ》』へ行きたい！

〈住所〉　〒511－0053 三重県桑名市東鍋屋町89

〈こんなパワーを授けてくれる〉　いろいろなものにチャレンジし、今までの決まり事を変えていきたい。または新しいデザインの洋服だったり、自分の企画を通したいなどと思っている人におすすめ！　それなりの成果が期待できる。

39 持統天皇、アマテラスになる

この時代は皇位争いが常だった。まるでのちの戦国時代の前哨戦が何代も続けられているような感覚に陥る。天武天皇逝去後も、ご多分に漏れずまた争いの火蓋が切られたのである。

第三子、大津皇子が天皇の座を狙い謀反を企てているという噂が、サララ皇后の耳に入ったのである。皇后はそれを聞き、大津皇子以下34人を逮捕した。しかし処刑されたのは大津皇子本人のみ。側近の僧ひとりは流罪にしたものの、ほかの32人は「皇子に欺《あざむ》かれた」という理由でお咎《とが》めなしの処置。これは少し納得がいかない。

実のところ皇后は、実子の草壁皇子《くさかべのみこ》に皇位を継がせたいと思っていたと思われるのである。だが草壁は病弱で大津皇子が次期天皇として有力視されていた。大津は確かに天武の子ではあるが、サララが腹を痛めた子ではない。大津皇子だけを亡き者とすれば、命拾いしたほかの人間たちも今後は自分に従ってくるであろうという策略だっただろう。しかし689年、草壁皇子が亡くなってしまうのだ。天武天皇が亡くなって3年空白だった天皇の座に即座に座ったのは、なんとサララ皇后だったのである。それが41代・持統天皇である。

ではなぜ3年も待って即位したのか？　病弱な草壁が元気に復活してくれるのを待って天皇の座に据えたかったからである。しかし病は進行し命も奪われ、その望みは

39

持統天皇、アマテラスになる

絶たれてしまう。しかし彼女はあきらめなかった。こうなれば亡き草壁の息子の軽皇子に天皇のバトンを渡そうと思い立ったのである。

だが、軽皇子はまだ7歳だった。せめて成長するまで自分が天皇の座を守っておくしか方法はない。息子の死と引き換えに孫をいつかは即位させるためにと、自ら天皇の椅子を選んだのである。あくまでも中継ぎの気持ちで天皇になっていたのだ。

そしてその計画はみごとに運んでゆく。軽皇子が15歳になったとき、さっさと天皇の座を退き、第42代文武《もんむ》天皇を誕生させたのである。

祖母から孫への譲位。これはアマテラスが孫のニニギに託して天孫降臨させた神話とよく似ている。

実は『古事記』『日本書紀』の編纂事業は、先帝・天武天皇が決めたことだったが、それを継承した持統天皇は、編纂に深くかかわっていた。

「アマテラスと私は同じである」。

天皇家の祖神、日本の国民の総氏神とされるアマテラス大神は、持統天皇の姿を反映させていたのではないかと言われてきた共通点がここにある。

アマテラス＝天照と書くから太陽神である。太陽神というのは世界の神話の中ではほとんどが男神として描かれているものなのだ。アマテラスも本来は皇室始祖の男神だったものを、『記紀』編纂の中で女神として書き換えられたのではないか？　とまで言われるほどなのだ。そしてその鍵を握った人こそが、『日本書紀』のラストに登場する持統天皇ではなかったのか。アマテラスを祀る伊勢神宮、1回目の遷宮は持統天皇在位中の690年のことであることも、頷けるところだ。

伊勢神宮初の遷宮の前の年689年には日本初の律令法典、飛鳥浄御原令を制定し、これが「大宝律令」へとつながり、それが完成するのは孫の文武天皇の時代だった。そして694年、藤原京がとうとう完成、遷都が行なわれたのである。

持統天皇が亡くなるのは大宝2（703）年、58歳。孫を立派に天皇の座に就かせての幸せな死出の旅だった。

しかし軽皇子こと文武天皇は、30年あまり国交が途絶えていた唐との関係を修復し遣唐使を再開したり、薩摩や種子島を服属させ大和政権の支配の領域を広げたりと功績を重ねたものの、祖母が亡くなってわずか4年、707年に25歳の若さで祖母の元

39
持統天皇、アマテラスになる

へと旅立ってしまう。皇子の首皇子《おびとのみこ》はまだ満6歳だったため、文武天皇の後を継いだのは文武の母、草壁皇子の妃であり首皇子の祖母、第43代元明天皇だった。

そんな時期、慶雲5（708）年に武蔵國秩父郡（埼玉県秩父市）から和銅が発掘される。そのため年号が和銅と改まり、日本で最初の流通貨幣「和同開珎《わどうかいちん》」が鋳造《ちゅうぞう》され、発行された。

秩父には社殿の横に大きな和同開珎を模した置物がある聖《ひじり》神社がある。

ここは商売繁盛、お金持ちになりたい、宝くじが当たってほしい、誰もが思う、そんなパワーを与えてくれそうな気配に満ちた神社である。

和銅5（712）年、『古事記』が天皇に献上され、さらに草壁皇子と元明天皇の間に生まれた氷高皇女《ひたかのひめみこ》が、中継ぎの天皇として、44代元正《げんしょう》天皇に即位した養老4（720）年には『日本書紀』が完成する。中継ぎの女帝をはさんで幼かった首皇子が皇位におさまるのは神亀元（724）年になってから。第45代聖武《しょうむ》天皇、満23歳の春だった。

さあラストはこうなったら、お金持ちになりたい人のために！

≫『聖神社《ひじり》』へ行きたい！

〈住所〉　〒368―0001 埼玉県秩父市黒谷2191

〈電話番号〉　0494―24―2106

〈こんなパワーを授けてくれる〉　拝殿の横には大きな和同開珎。その横の壁には、「宝くじが高額当選しました」「開店のときにお参りに来ましたが、おかげさまで大流行りしています」といったメッセージが貼られる。何しろお金に関する願い事を聞き届けてくれる。さあ宝くじで一攫千金を目指そうか!?

全然《ぜんぜん》、知《し》らずにお参《まい》りしてた　神社《じんじゃ》の謎《なぞ》　神話編《しんわへん》

令和2年1月5日　初版第1刷発行

著　者　合田道人《ごうだみちと》
発行者　辻　浩明
発行所　祥伝社《しようでんしや》
〒101-8701
東京都千代田区神田神保町3-3
☎03(3265)2081(販売部)
☎03(3265)1084(編集部)
☎03(3265)3622(業務部)

印　刷　堀内印刷
製　本　ナショナル製本

ISBN978-4-396-61715-8 C0095
Printed in Japan
祥伝社のホームページ・www.shodensha.co.jp

好評！　合田道人の神社シリーズ

全然、知らずにお参りしてた　神社の謎

さらにパワーをいただける　神社の謎

神話をひも解きながらめぐる　神社の旅

あなたの願いをかなえてくれる神社